L'ouverture des bras de l'homme

Nul appel au-dehors, aucun drame, rien n'oblige la très jeune narratrice à quitter la maison de ses parents. Mettons qu'elle ait vu venir le temps du changement...

Elle s'attache d'abord à comprendre le mystère des épouses et des maris. De quoi sont donc faits ces hommes et ces femmes ? Et quelle est la règle du jeu ? Passant des étonnements de l'enfance à la prescience de l'avenir, elle mesure les destins au seul poids d'un geste, d'une attitude, d'un regard échangé.

L'Amour va lui donner la clef de ce monde et lui révéler que l'homme, à lui seul, n'est pas un moins grand mystère. Elle se demande si elle connaît enfin les « célèbres blessures des femmes ».

Sans cesse à fleur d'elle-même, l'héroïne nous propose une vision si cocasse des choses, dans un style si constamment inattendu, où l'analyse et la sensualité se confondent, qu'on ne sait plus si l'on est séduit par la naïveté ou ému par l'humour. *L'Ouverture des bras de l'homme* est le second roman de Raphaële Billetdoux.

Raphaële Billetdoux publie son premier roman à vingt ans, Jeune Fille en silence *(1971). Elle obtient le prix Interallié pour son troisième roman,* Prends garde à la douceur des choses *(1976), et, après* Lettre d'excuse *(1981), le prix Renaudot pour* Mes nuits sont plus belles que vos jours *(1985).*

Elle est également cinéaste : en 1980, elle écrit et réalise son premier film, la Femme-enfant, *qui fut sélectionné hors compétition au festival de Cannes.*

Du même auteur

AUX ÉDITIONS DU SEUIL

Jeune fille en silence
roman, 1971

L'ouverture des bras de l'homme
roman, 1973

Prends garde à la douceur des choses
roman, 1976, prix Interallié
coll. « Points Roman », 1985

Lettre d'excuse
roman, 1981
coll. « Points Roman », 1983

AUX ÉDITIONS GRASSET

Mes nuits sont plus belles que vos jours
roman, 1985, prix Renaudot

Raphaële Billetdoux

L'ouverture des bras de l'homme

roman

Éditions du Seuil

TEXTE INTÉGRAL

EN COUVERTURE : illustration Gilbert Raffin

ISBN 2-02-009473-8
(ISBN 1re publication : 2-02-001219-7)

A Virginie

L'architecte Vitruve écrit dans son livre sur l'architecture que les mesures de l'homme sont ordonnées par la nature comme suit : quatre doigts font une palme, quatre palmes un pied, six palmes une coudée, et quatre coudées une longueur d'homme. Et quatre coudées font un double pas, et vingt-quatre palmes une longueur d'homme ; et ces mesures ont été utilisées dans ses édifices.

Si tu écartes les jambes assez pour que ta hauteur diminue de un quatorzième, et si tu ouvres et lèves tes bras de sorte que les médius arrivent au niveau du sommet de la tête, sache que le nombril se trouvera au milieu entre les extrémités écartées ; et que l'espace entre les jambes sera un triangle équilatéral.

L'ouverture des bras de l'homme est égale à sa hauteur.

De la racine des cheveux à la base du menton, on a le dixième de la hauteur de l'homme ; de la base du menton au sommet du crâne, c'est le huitième de la hauteur de l'homme ; du haut de

L'OUVERTURE DES BRAS DE L'HOMME

la poitrine au sommet de la tête, c'est le sixième de l'homme ; du haut de la poitrine à la naissance des cheveux, la septième partie de la hauteur totale ; des seins au sommet du crâne, c'est le quart de l'homme.

La largeur maxima des épaules mesure le quart de l'homme ; du coude au bout de la main, c'est la cinquième partie de l'homme ; du même coude à l'angle de l'épaule, c'est la huitième partie de cet homme ; la main étendue mesure la dixième partie de l'homme. Le membre viril naît au milieu de l'homme. Le pied est la septième partie de l'homme ; de la plante du pied à la limite inférieure du genou, c'est la quatrième partie de l'homme ; de la limite inférieure du genou à la naissance du membre, ce sera la quatrième partie de l'homme.

Lcs distances du menton au nez et de la racine des cheveux aux sourcils sont égales chacune à l'oreille et au tiers du visage.

LÉONARD DE VINCI
Traité de la peinture

1

Le regardant travailler au théâtre et monter et descendre de la scène à la salle, je m'étais demandé comment, à travers l'inconsistance et la mobilité de la journée, d'après quelle loi, quelle éducation, quelle lecture ou quel souvenir il savait la phrase à dire à ceux qui l'attendaient, le bras qu'il fallait lever à tel moment plutôt qu'à tel autre, qui interpeller, où était ce qui est bien et pourquoi ce n'était pas mal. Et si tout ce qui jaillissait vivant de lui ne faisait pas partie du mystère, ses bras et ses jambes obéissaient en tout cas à l'impatience d'une intelligence très exacte, qui m'avait conduite à le contempler avec cette impression de miracle que ressent la grosse dame devant les prouesses d'une écuyère.

Tout à coup, entre mille gestes, il s'était arrêté lui-même l'espace d'une seconde pour prendre une cigarette. Et d'oser répondre en public en deçà des circonstances, debout sur la terre, à cette minuscule demande de son être secret, particulier, rappela à l'instant où il l'alluma, éclairant tout son visage, qu'il était impérativement, masculinement seul, bien qu'il parlât.

J'avais imaginé qu'il était de ceux dont les colères poétiques et les phrases cosmiques vécues après le dîner font qu'aux approches du matin les femmes présentes vont, le visage défait, traîner dans les cuisines et évoquer entre elles le jour et les enfants, pour finir d'attendre ces hommes qui parlent de l'âme.

Il jetait des coups d'œil brutaux et vifs, curieux de mon inconnu, quand sa marche travailleuse et l'agitation de ses pensées ne ramenaient pas, en obliques de chat autour de ma silhouette, soudain à droite, son dos, perplexe ; à gauche un profil en arrêt ; juste devant, son corps campé dans un moment de recherche où il bouleversait ses cheveux, réalisant, par le hasard de ces attitudes, comme une petite danse à laquelle il m'avait semblé que je n'étais pas étrangère.

Le soir, j'entrai dans le restaurant, où il devait nous attendre. Le bras d'une femme reposait sur le sien. Ce couple n'avait pris que les deux heures creuses entre la fin du jour et le dîner pour se reformer.

... Un homme devrait porter sa femme sur son visage ou l'annoncer à travers son nom et sa première poignée de main quand, plus tard, il revient sans avertissement avec ce choc à côté de lui et, en filigrane, tout ce qui s'est passé, tout ce qui se tient entre eux, que j'ignorais, qu'il savait.

Parce qu'il avait permis que j'ignore un après-midi entier que quelque chose de beau, de prononcé et d'indivisible, qui n'était plus à faire, qui était à ne pas toucher, existait en lui, l'avait fait lui-même en partie, je ressentis que jamais cette femme n'avait été trompée, mais plutôt toutes celles qui avaient méconnu son existence.

Car elle se trouvait là, à table, en plus des autres personnes de la troupe, naturelles et connues.

Elle était venue, comme de plus loin que tous, par-delà l'esprit de son mari, elle s'était montrée et, assise devant les assiettes, elle avait un corsage blanc, ni transparent, ni de ce blanc dont on peut dire qu'il soit une couleur, fripé un peu, léger, fait pour être enlevé, qu'elle avait remis pour nous.

Ses cheveux courts, émincés, mal réveillés, la laissaient plus faible mais plus précise, comme sortant d'une aventure, lui conférant un passé, et peut-être, par en dessous, avait-elle gardé la mentalité d'une femme à cheveux longs... A côté de son mari, elle se taisait sans être inaudible et, légèrement déportée vers lui sous sa finette, les pupilles écarquillées et le menton posé sur la membrane de son poignet déplié comme si elle était encore chez elle, nous apercevant du fond de sa maison, elle suivait des yeux le mouvement avec un air de privilège.

En attendant le premier plat — et parce qu'on n'était guère tout à fait de son côté tant il était absolu — quelques restes des sentiments mis en œuvre et mal éteints de la journée le firent s'exalter autour de la beauté obligatoire du corps humain, de la nécessité de s'en préoccuper afin que le mouvement réalise toujours un dessin idéal.

— Toi, par exemple, je te reconstitue, dit-il en prenant son voisin par les yeux.

Et de même que Cuvier à partir d'un os brisé reconstitua le mammouth entier :

— Tel que tu es, là, au visage, je peux te dire tout de suite, toi tu as trois plis au ventre !

On lui demanda avec la même violence ce qu'il

faisait donc de l'émotion et de l'attendrissement apporté par le temps à la perfection des lignes, si cette expression même de la vie n'était pas plus belle et aussi grave.

— Alors peut-être, peut-être, poursuivait-il plein de fièvre, le doigt en annonciation, si vous aviez un peu plus l'intelligence de votre corps, peut-être le reste suivrait-il !

Elle l'écoutait, soit qu'elle ait définitivement admis que son mari pensait pour elle, après en avoir au début épousé les opinions envers et contre tous les autres maris, soit qu'elle ait déjà débattu de tout cela autrefois avec lui, dans des moments qui étaient les leurs, le considérant alors comme le porte-parole, devant leurs amis, de ce qu'au cours de nuits d'une grande qualité ils auraient mis au point ensemble, elle le corrigeant, lui la vérifiant — l'interprète en tout cas de la science féminine et diffuse qu'il avait su, au long des années, découvrir et puiser auprès d'elle.

Mais quand nous fûmes passés à bien autre chose, par-devers nous lui touchant le bras, elle lui glissa, dans leur langage :

« Fais un peu pour toi ce que tu prêches aux autres », et elle demanda du sel. Et lui qui avait répondu à toutes les remarques, avait renvoyé les observations les plus véhémentes, cette petite phrase d'elle soudain le laissa court.

Voilà peut-être, alors peut-être, pensai-je, la force et la beauté de la femme aimée : déjà, à l'intérieur du couple, elle est la plus jeune, la protégée, la suivante, tandis que l'homme tout le jour est à découvert, combat, s'inquiète, perd, a de la renommée, se blesse et travaille. Et voilà que le soir encore, outre cet incident je le voyais bien, il se soumettait au jugement de l'épouse socialement discrète, mais violente en sa conscience, et c'était lui qui se tenait à son enseigne, fragile, dépendant, soucieux cette fois de la vision qu'elle aurait et qu'il offrait au milieu de ses compagnons de travail...

En même temps, il doit continuer dc mettre à jour ses idées ; il le fit, les affirma, se tut, écouta, les reprit et les redonna, il mangea, but, fuma et finalement s'arrêta, se souvint de chez lui, en eut assez et dit :

— Tu viens, Luze ?

Et, comme elle est infiniment là, infiniment calme et bien d'être là, de regarder et de percevoir, elle continue d'être absente du monde de l'homme, agréablement perdue dans son immensité féminine, et c'est comme si elle n'avait pas entendu. Ses mouvements de tête, ses regards, ses services, sont lents, doux. Et il répète, plus réellement : « Luze, tu viens ? »

Il a déjà fait plusieurs fois le tour de la table, enfoncé une main dans sa poche, dit au revoir de la deuxième aux uns et aux autres, promis, pris des rendez-vous, et décidé enfin de rentrer chez lui, avec sa femme.

— Il faut qu'on aille se coucher, dit-il en se penchant par-dessus une épaule. Luze se lève à sept heures le matin. Elle est médecin...

Luze a un peu bougé. Elle est belle. Elle va le suivre. Alors, levée derrière les convives, munie du métier qu'elle a le lendemain, forte à mes yeux, elle tend à la ronde sa main légère avec l'autorité que peut avoir une dame et regrette très doucement auprès de chacun.

Il était déjà dans la rue où il faisait nuit, nanti du corps prochain de sa femme qui était en train de venir, qui allait arriver et qu'il attendait près du trottoir.

Alors, non seulement il a parlé, crié, combattu pour lui-même, mais encore il a fallu qu'il se souvienne seul, qu'ils devaient aller dormir, que sa femme serait fatiguée, et que leur vie, demain, à tous deux, continuerait.

J'imagine l'homme, un soir où sa femme ne l'a pas assisté, rentrant chez lui au petit matin, après avoir parlé. Et soudain, dans l'entrée, il se sent vide en deçà de tout ce qu'il a bu et fumé, vide comme une femme mais, debout sur la moquette si tard alors que l'épouse dort et que le frigidaire ronfle, toujours homme néanmoins, c'est-à-dire sec, net, seul et sans cet avenir, ce grand ciel, cette foi atmosphérique dont est fait le vide naturel des femmes, où s'exerce leur respiration. Mais peut-être est-ce bien ce brusque sentiment de netteté qu'ils recherchent, et de rentrer résumés, bonnement fatigués, d'après quoi tout ce qu'on peut sortir de soi, faire passer au dehors, serait bon.

N'importe. Que le mari, homme, orateur, exposant, défenseur, piocheur des mots et des idées, revienne de tout cela à petits pas, petits pas de travailleur, vers sa femme, la seule au monde qu'il n'ait plus à convaincre mais qui lui rappelle où il en est.

En fin de matinée, l'épouse est là, contre la porte de son bureau, une de ses jambes enroulée autour de l'autre comme une plante éduquée, sa longue main en éventail qui caresse sa lèvre supérieure, attendant qu'il parle, qu'il raconte la veille.

Car il ne fait que revenir vers elle, il n'y va plus. Et elle meurt tous les jours des fortes oraisons nées de son cerveau, sur la vie, les gens et les choses, dispensées sans regarder dans les restaurants, les réunions, les autres familles, pour des gens qui entendent mal et ne le méritent pas toujours, tandis qu'il ne lui donne à écouter depuis quelques années que de petites choses gentilles.

« C'était bien ? » a-t-elle demandé, comme si elle ne le demandait pas. Il se tient à sa table de travail, le regard concentré, la mâchoire dure, tour à tour conscient de la lourdeur et de la réalité qui s'accroissent au cœur des instants, puis infiniment absent déjà, ennuyé, reparti, tandis que la silhouette rose de sa femme s'installe peu à peu dans cette infra-existence où il la laisse, au milieu des meubles de la pièce. Et tacitement dans le silence local, ils sont deux à savoir que si elle brise une des secondes qui s'écoulent pour reprendre la parole gentiment après sa question laissée en l'air, elle aura une fois de plus enfreint son amour-propre pour l'amour de lui et joué de faiblesse devant lui.

Soudain il crie d'une voix aiguë, renversant le temps immobile :

— Tu m'empêches de penser !

Quand elle eut lancé la porte, il pensa pouvoir poursuivre son travail encore jusqu'au déjeuner, mais il ne put que lui écrire :

> Ce sont des petites scènes de ce genre, Luze, qui me laissent incapable. Sache que je retrouve, que j'apprends et que je recommence, à chacune de mes retraites, le mouvement qui, il y a cinq ans m'a porté vers toi et qui n'est pas si commun, tu le connais, venu en moi par tant de chemins et de ramifications anciennes te rejoindre. Mais apprends, quand je suis là, cette règle d'un certain silence et pas n'importe lequel.
>
> Tu voudrais que toujours, mieux qu'un soldat vers son général, je coure te rapporter ce qui se passe dehors, là où j'ai fait campagne, telle personne dont j'ai appris l'existence, telle autre qui m'a blessé, les nouveautés qui me traversent, une chose que j'ai comprise.
>
> Mais j'ai déjà dit qu'il fallait que personne au monde, sauf Dieu, et surtout pas moi-même ne sache que je travaille, parle et vis pour toi, afin que je puisse croire un peu à ce que je fais, à ce que je dis et à ce que je vis, et l'accomplir normalement. Car dès l'instant où tu m'attends, je m'ennuie ; cela devient une réclamation, un devoir, on prévient mes gestes, on me coupe l'herbe sous le pied, et comme vraiment il me faudra te donner

l'ouvrage de mes jours, comme des cadeaux encore, tu comprends que le chemin sera plus long. Car je devrai trouver des biais, des ruses, des traverses et d'autres points de départ pour arriver de moi-même là où tu es, avec ce que je souhaite toujours te donner. Alors n'essaie pas de me voler. Laisse-moi le temps.
Tu vas faire comme pour mes costumes que je laissais traîner dans la maison les manches à l'envers parce que tu m'attendais à l'endroit, comme pour la peinture que je tentais le dimanche et dont tu as tué le désir parce que je sentais ta sexuelle impatience de l'art et de la beauté, comme pour la victuaille que tu m'as administrée et qui m'a trop nourri. Tu fais comme les autres, ma femme, qui ne savent pas combien ils me donnent et me font du mal.
Dis-toi bien que je travaille à venir dans ce monde calme et rond où tu évolues depuis toujours ; les femmes sont très en avance sur les hommes, et il nous faut jour après jour essayer de vous rattraper, vous y rejoindre, mais cette naissance-là, ma femme, n'est pas de ton ressort.
P.S. N'oublie pas que nous recevons vendredi en huit et dis s'il te plaît à Pépita de racheter du whisky.

Quand elle était jeune fille et qu'ils dînaient au restaurant, forte, le visage d'un bel olive, équilibrée, gaie et attentive tout le long du rendez-vous, brusquement au dessert elle avait des petites larmes sans circonstance. Comme si elle ne savait plus, peu de temps avant qu'il ne la ramène chez elle, ce qu'aimer voulait dire et même ses parents, et même une divinité et pas même un animal.

Tout ce qui était là dans la ville autour d'eux, qu'on a construit : maison, voiture —, fait pousser : légume, fruit, volaille —, fabriqué : savon, parfum, médicament —, dit et redit : « souris quand même, rentre tôt, remercie Dieu, etc. », elle ressentait que tout n'était là que pour nous rassurer, mais que ceci posé, il fallait au plus tôt se mettre au travail, tomber amoureuse, épouser l'homme, faire l'enfant, dépenser l'argent, satisfaire la faim, refaire le chignon que l'homme a démoli, le repas qu'il a mangé, remettre la robe qu'il a enlevée... Et si les femmes étaient faites pour être défaites, elle croyait n'avoir pas le courage.

Mais le lendemain, en plein jour, elle marchait avec sa sœur sur les boulevards. « Moi, je sors avec ma sœur », se criait-elle en elle-même, et dans son cœur elle était magnifique d'être amoureuse d'un homme, d'un côté, et sœur de sa sœur de l'autre.

2

Je les avais vu disparaître côte à côte et, quand je fus chez eux, un vendredi soir, en compagnie de quelques personnes qui bavardaient d'elles-mêmes dans l'entrée, il réapparut seul, par la porte du salon. Il vint vers nous, le visage ouvert, les yeux rieurs, la main tendue, libre et simple comme je l'avais connu, n'ayant rien sur lui qui exprimât clairement le lieu d'où il venait, son passé depuis deux jours, ou la forme des pièces de l'appartement qu'il venait de traverser peut-être pour venir de sa chambre jusqu'à nous, retombées une à une dans le silence après le bruit de ses pas, de la dernière contiguë au salon où l'on riait fort maintenant, jusqu'à cette chambre où devait encore se préparer et respirer sa femme. L'absence de celle-ci, que personne n'évoquait, était devenue sensible depuis qu'il était là, qu'il parlait, accordait les gens, servait à boire, comme pour nous brouiller l'esprit me disais-je. Et devant cette séparation des corps qui ensemble devaient recevoir à cette heure précise, on se dit qu'elle est en train de se remettre de ce qu'il lui a fait et l'on pouvait se demander, à cet empressement trop chevillé qu'il avait pour notre confort et notre bonheur à nous, dans quel état il l'avait laissée.

Je fus certaine brusquement que tous ici le savaient ; chaque adulte, ici riant, là parlant, celui-ci buvant, était en arrière-fond et à l'unisson des autres, par une grande ligue intime impossible à dénoncer et aussi difficile à enrayer que quelques années en moins ou en trop, détenteur et complice de ce fait.

J'aurais voulu que fût dit simplement pourquoi elle était un peu en retard et, parce qu'on discutait comme si de rien n'était, toutes ces grandes personnes heureuses m'apparurent entièrement faites contre moi et les autres jeunes filles.

Je me vis, en un instant, au milieu d'une fête sourde où, par cette sorte de convention qui fleurit dans la collectivité, chacun à l'instar du mari usait de la règle du jeu, telle que leur assemblée n'était pour le moment qu'un climat galant et suspendu pour son arrivée à elle, maîtresse de la maison parmi eux, l'arrivée de son corps, de sa gentillesse, de son amitié, de la note précise qu'elle était à elle toute seule pour que plus rien ne manque à ce que devait, dans le principe, être cette réunion, et qu'enfin tout cela prît l'envol et le naturel de n'importe quelle réunion, qui en étaient pour l'instant empêchés.

Le service qu'il était en train de lui rendre en ayant fait commencer la soirée sans elle, comme il aurait été lui acheter à la dernière minute des bas ou des épingles à cheveux parce qu'elle n'avait plus la possibilité d'y aller elle-même, avait à mes yeux ce caractère duplice et si bouleversant de l'hommage où le masculin destiné à de grands actes ou de grands moments abandonne un instant le privilège de son état pour se prêter, devant la femme toujours émue par son propre reflet, à un geste qu'elle a pris l'habitude de faire parce que l'humanité le lui a distribué. Cette fine rupture de l'ordre des choses, cette main tendue vers elle, prouvent à la femme qu'on aime son monde de tous les jours, et aussitôt, dans cette contradiction du costume et de la gravité naturelle de l'homme avec la bouteille de lait, le poudrier qu'il tient maladroitement à la main tel un roi descendu et enfin émouvant, l'hommage trouve son accomplissement.

Secondée de la sorte, elle put venir plus tard

dans cette pièce de sa maison et comme si elle ne venait que d'en sortir un instant. Je ne l'avais moi-même pas vue entrer et ce n'était pas, quand je la remarquai au milieu d'un groupe, une apparition.

De-ci, de-là, au fil des rencontres où la menaient ses jambes tendues sur la moquette, elle parlait un peu et je la regardais faire, offrir son visage, naître à la société, car sous son amabilité et ses dispositions, elle était sans doute fragile et pleine encore de ce qu'elle achevait de vivre dans sa chambre, à vif, susceptible peut-être encore et désemparée de tout à l'endroit de son secret, jusque de son mari riant à présent près du buffet, qui avait terminé plus vite, qui était aussitôt sorti, sachant ce qu'est une femme, lui ménager du temps à l'extérieur et éprouver, quant à lui, de nouveau la vie auprès de nous.

Elle revenait de cela, douce, neuve, plus brillante mais plus maladroite et rose, trouble, belle, insoupçonnable, ayant le droit de ne pas être interrogée, forte de son impunité et de ce droit au mystère, munie de sa féminité.

Et elle pouvait se souvenir de lui le visage plein de souhaits, priant sur son corps et, par de légers regards, apercevoir maintenant, à côté d'une jeune femme la cheville ornée d'un hortensia, ses cheveux de garçon qu'il venait de passer sous la douche comme seuls les hommes savent porter sur leurs cheveux le souvenir d'une douche, ses jambes vertes si merveilleusement croisées, le verre dans sa main, dont elle sentait à travers le visage de son mari combien il était confiant de pouvoir à tout instant, sans le faire, en porter le contenu à ses lèvres, et ses yeux, comme un ciel hollandais, d'une lumière fine, clairs soudain comme une croix tournante, vivants et plissés dans la fumée qui évoluait vers son front avec la lenteur et la solennité d'un feu d'automne. Sur ses lèvres sculptées par les efforts de réflexion et le poids des mots qui les franchissaient, séjournait sa cigarette, oubliée jusqu'à la cendre au profit de sa pensée privée et de son écoute qui, toujours, l'entraînaient plus loin que lui-même.

— Tu sais, lui répondit-il une fois, où pour mieux le connaître elle lui avait demandé à quoi il pensait, ... le paysan — et sa voix prit de l'écho pour bien le camper — ... le paysan du Nord, quand il se tient au bord de son champ, à regarder le ciel, il ne pense à rien, il est creux, car il s'emplit de tout le paysage...

Cependant, tout était cruel de ce qu'il offrait ainsi à sa vue, qui était maintenant celle de tous ;

de sa chemise à boutons, à son oreille, à ses doigts, à ses lacets, depuis qu'il les lui avait repris en sortant de la chambre et qu'il s'en servait à présent encore au milieu des autres, illustrant à l'avance, sur ce divan de chez eux où il était enfoncé sans méfiance, l'époque où, l'ayant fuie, assis dans d'autres lieux, il offrirait à la vue comme aujourd'hui sa chemise à boutons, son oreille, ses doigts, ses lacets, qui continueraient de lui servir et dont il userait tout seul partout et pour tous, excepté au monde pour elle.

— Je suis tombée amoureuse, lui avait-elle dit brusquement cinq ans auparavant, tandis qu'il la raccompagnait chez ses parents, mais ça passera ! ça passera !...

Comme se fondent parfois, sans que rien auparavant n'ait pu le faire prévoir, la lumière d'un ciel, une heure et les courbes d'un paysage, au point qu'à partir de la couleur du ciel on pourrait nommer l'heure et à partir des ombres du paysage reconstituer le ciel, ce qui se passait dans ce salon, les gestes, les sons et les regards m'étaient d'une aussi impénétrable correspondance. Il était lisible, en regardant Luze, que la matière de son bras n'était plus celle d'un bras simple, mais d'un bras commun, fait d'amour, qu'ils aimaient ensemble, elle de le lui donner, lui de le lui prendre ; que ses cheveux, invisiblement fourragés, ne lui appartenaient plus, même si toute seule, par souvenir ou rappel magique, elle se les touchait et lissait de sa main épousée, car elle en avait la garde et le soin. Mais elle avait, à l'intérieur de ses propres mouvements de vie, d'infinis gestes indistincts, qui ne s'adressaient apparemment à rien d'utile...

— Je ne vous ai même pas accueillis ! J'étais dans la cuisine à rattraper la mayonnaise de Pépita... Comment va Jacques ?

...Elle était dans la cuisine.

Contre la table de sa cuisine, la cadence de son tour de fouet dans les jaunes aura fait trembler sur lui-même, de haut en bas, tout son tablier d'épouse et sa main très fine enserrant le manche rigide était houleuse, sur le dessus, de ces veines bleues et rondes qui saillent chez les femmes ayant maintes fois connu, prévenu et réalisé l'homme, à la force apeurée, amoureuse et surnaturelle de leur poignet.

Elle usait, ce soir, du luxe que lui donnait son mariage, de pouvoir mettre plusieurs personnes ensemble dans son salon, et de voir ce que leur rencontre produit, révèle ou précipite.

J'admirais à l'avance l'intelligence à vol d'oiseau que lui fournirait sa vieillesse, par laquelle elle pourrait embrasser du regard les destins aujourd'hui imprécis et ouverts dans son salon, enfin arrivés et faits au-delà des prévisions, les recoupements de la vie, les ouvrages, les carrefours, les retrouvailles, les dénouements, les éclatements, et estimer justement le tissu dont elle pourrait, à des personnes comme moi, énoncer le point de dentelle : « Il s'est marié avec ma meilleure amie, qui était la fiancée de mon frère, lequel est resté célibataire, mais elle a divorcé pour épouser un ami d'enfance, et lui est maintenant le mari d'une femme qui avait rompu deux fois avec un militaire, friand tout particulièrement des jeunes filles... »

Enfin sa vieillesse aurait une vision, un goût et un son justes, par la réponse qu'elle serait en tous points à sa propre jeunesse, dont il fallait convenir que l'état, malgré tout, lui laissait le nez sur les choses, le cœur à un homme, la tête sur le corps et ne lui permettait pas d'admettre et de vivre oui et non en même temps, ce dont j'espérais pour tous que le présent profond des vieillards était fait.

Déjà une jeune femme se souvenait qu'il lui était devenu indifférent, à la campagne lorsqu'elle y retournait, de n'être plus face contre terre, nue contre l'herbe, campagne elle-même, enfouie dans les détails et les odeurs ; qu'elle y circulait maintenant en voiture à la droite de quelqu'un, derrière des vitres, comme l'être ingrat revient au pays et regarde en étranger ses anciens compagnons de jeux, les troncs d'arbres, le cochon, le cours d'eau ; et qu'elle regardait la route et ne savait une courbe de terrain ou la sensualité d'un corps de vache que dans la mesure où elle disait à son mari : « Comme c'est beau, là... » ou « As-tu vu cette vache ? »

Elle disait que nous étions dès la fin de l'enfance promises au commentaire, à la dénomination, mais que lorsqu'on y donnait, déjà on n'en souffrait plus.

Plus d'une femme autour d'elle voulaient s'exprimer là-dessus, franchissaient témérairement la distance du silence à la parole, mais une fois écoutées, elles éprouvaient en cours de route qu'elles auraient dû ne jamais commencer, si seulement leur mémoire ou une sœur leur avait rappelé que l'esprit lançait si loin ou que l'explication du monde était si ample ; que là où leur sentiment les poussait, elles ne pourraient jamais aller, ni atteindre à une conclusion, laquelle est typiquement masculine, et très vite alors laissaient-elles dans l'air, inachevés, une phrase, une interjection, quelque chose, un rire, une main, un œil dérouté, la fin de leur histoire pour l'infini et, au temps, au hasard, à Dieu, aux autres intelligences, le soin de comprendre et de terminer ce qu'elles pensaient. Ainsi chacune revenait-elle en sens inverse au silence.

Cependant la première, qui les avait mises sur le sujet, encline aux exercices de l'esprit reprenait le piquant de son intervention par la fin et le ramenait au début :

— C'est lorsque je dis à mon mari à côté de moi : « Regarde donc cette bête », c'est là que je me rends compte...

Donnant à croire qu'elle échappait à la peur de l'infini et des terminaisons, cette femme-ci tournait en rond.

Pendant ce temps, une jeune fille, qui partageait les sentiments d'exil et de malaise qui me prenaient au milieu de personnes jamais étonnées d'être là où elles étaient, sans un doute sur la raison qu'elles avaient d'y être et l'utilité de n'être pas ailleurs — et dans cet état d'esprit, elles me semblaient vivre plus que moi jusqu'à me voler de la vie qui, dans ce salon, était à qui saurait la prendre —, était allée découvrir près du buffet un remède pour nous deux et venait m'en enrichir, les jambes filantes, se vissant le nez sur trois-quarts de tour, me faisant signe qu'elle entendait une foule de cloches divines, que ça allait bien mieux et qu'elle profitait bien de tout.

— Joue le jeu, me dit-elle. Sois donc simple : ils marchent tous au whisky.

Luze apporta des gnocchis et des tomates farcies dans des plats très chauds qui la faisaient courir sur les genoux. Son mari vint à elle, et ils se détachèrent du mouvement qui régnait quand elle lui expliqua à voix basse pourquoi la chair qui avait éclaté autour de la farce ne relevait pas d'une faute de cuisine.

Il lui donnait audience, l'air soucieux. Qu'ils s'adressent l'un à l'autre par ce vocabulaire ménager d'ingrédients, de légumes, de matières périssables, qu'il discutât lui-même en ces termes en la regardant au visage où il rencontrait ses yeux, que rien d'autre que cette actualité ne transparût entre eux, était une forme cruelle et magnifique de leur relation spirituelle que tous deux s'appliquaient devant le monde à maquiller sous ces mots journaliers, tout comme le chat quand il fait croire à sa captive qu'elle ne l'intéresse plus et que sa mort ne lui fait plus envie.

Et la métamorphose, entre eux, des tomates après cuisson, l'introduction de cette ligne de force matérielle, la gravité que leur expression accordait à cette affaire leur donnaient la raison d'une confrontation, l'occasion d'un nouveau terrain de rencontre, et annonçaient le regard et le souci qu'ils porteraient plus tard autour d'un premier enfant.

Après avoir nourri tout son monde, elle parut se quitter elle-même et ce qu'elle avait été jusque-là en attentions, vigilances et prévenances, pour détendre dans la diagonale d'un divan la moitié de son corps fatigué et content de s'être dépensé. Elle était encore plus belle qu'en sortant de sa chambre : les joues rougies, le front éclairci, les yeux plus enfoncés, la bouche bien gonflée, des flammèches encore actives idéalisaient sa coiffure, elle acceptait merveilleusement les compliments pendant que, comme son mari au théâtre, elle s'octroyait une cigarette dont chacun pouvait comme moi vivre la satisfaction qu'elle en attendait. J'aurais aimé la soigner, ou qu'elle souffrît par moi... Elle avait l'un contre l'autre deux gros genoux, surprenants, qui donnaient aussitôt envie, en effet, de la pousser à la renverse.

De toutes les femmes ici, elle était, à l'issue de ce riche repas, la plus heureuse, comme chaque fois qu'on a donné plus qu'on n'a reçu. Car ses amies, qui n'étaient point chez elles, qui n'avaient fait que sourire et trop manger, qui s'étaient senties, dès le deuxième temps de la soirée, incomprises et qui s'étaient enfin assises où elles pouvaient au milieu des hommes et des paroles, avaient la taille peuplée, faisant mine d'en jouer naïvement, d'un tas de petits coussins de sofas où elles cachaient leur ventre, chacune essayant, pendant que personne n'y pensait, de suppléer à leur état féminin, les unes par des coussins, les autres des manches de chandails, des serviettes de table ou leurs propres mains en éventail, couvant d'un œil le mari qui les rapporterait chez elles.

Mais les hommes, l'estomac conforté, le jour ayant laissé place à la nuit, reprenaient le temps de vivre et sentaient se lever en eux comme chaque soir, le moment venu de dénoncer, de mettre sur table le monde auquel ils se heurtaient chaque jour. Et bourdonnant de griefs, de doutes et de souffrances, ils improvisaient au cœur du salon l'ébauche d'un complot, où l'espoir renaissant d'arriver, avant d'être repris le lendemain matin, à nommer enfin leur mal comme déjà un premier pas vers la vie rêvée, leur fit, premièrement, réclamer un alcool.

...Il avait tiré toute la parole à lui, lassé les personnes les plus immédiates, et ne la quittait plus. Le rythme de ses cent pas allié à son langage vigoureux, son débit, à un coude de la pensée, se bloqua brutalement. C'est douloureux comme une barque légère arrêtée par des branchages sur un fleuve qui coule toujours, car il tente de poursuivre, continue de marcher afin que les mots suivent, s'arrête, et sa main expose, son bras déclare, sa tête se courbe et fouille et il s'occupe si bien de son impuissance intérieure qu'il n'entend pas le silence attentif mais insupportable qu'il a laissé au-dehors, autour de lui, où il me semblait que tout aurait pu arriver, d'un gazouillis de ventre à une mort subite, à tel point que mille fois en une minute, j'avais été près d'aller lui toucher le bras et de lui dire : « Cela ne fait rien. Arrêtez-vous là. »

Mais comme une lourde bête qui vient d'être malade, il releva sur nous un œil de côté et, noyant sa confusion dans un sourire d'humour :

— Comment vous dire ? risqua-t-il.

Une femme profita de cette faille pour reprendre son mari ; une autre, venue seule, partit en courant chez le sien par la porte d'entrée ; un homme, sur le seuil, prêt à descendre, me désigna à notre hôte :

— Elle m'eume, elle m'eume, répétait-il avec un fort accent.

— Elle vous aime ? demanda-t-il, surpris.

Je m'emplis aussitôt de reconnaissance pour cet étranger qui, en guise d'adieu, mettait à l'heure entre notre hôte et moi, une évocation sentimentale dont j'étais justement le sujet et à l'issue de laquelle j'espérais apercevoir chez lui les répercussions de ces mots-là, quand on les prononçait.

— Non, elle m'é-meut, oui, parce qu'elle s'appelle comme mon fils, redit-il presque en colère. Ainsi, il faut que je l'embrasse..., et il se pencha vers moi.

— On dit ça, on dit ça, clamait sa femme, en appelant l'ascenseur. Et la porte se ferma sur eux.

Bien qu'il me regardât avec des yeux d'homme, j'eus le sentiment, parce que j'étais chez eux, de rester sur le seuil avec un visage d'employée sans emploi.

— Quel âge avez-vous ? s'enquit-il gentiment. D'un bras sans peur, sa femme venait de lui ceindre la taille et, tandis que je n'avais, à cet instant, pas d'autre avenir que la réponse qu'ils attendaient, je lisais dans ce geste toute la vie qui allait commencer dès que je serais partie, leur nuit prochaine et l'évanouissement de toutes les disciplines de la journée.

— Vingt ans, dis-je sans insolence, comme si je les avais gagnés à la sueur de mon front.

— Et toi, cent ans bientôt, si tu ne viens pas te coucher, lui dit-elle en le chargeant sur le flanc de petits coups de tête et de menton. Il faillit perdre l'équilibre, il fallut tous trois éclater de rire et prendre congé dans cette légèreté.

« Les gens le sentent, pensai-je, en m'enfuyant dans l'escalier, une jeune fille est une malheureuse exagération d'elle-même et, de ce qu'elle offre, personne n'en demande jamais tant. »

Je croisai sous le porche un groupe de leurs amis qui n'avaient pas encore rejoint leurs voitures. La cour était obscure et la loge des concierges éteinte. On parlait à voix basse.

— Ils vivent une union dramatique, disait-on.

On proposa de me reconduire. Et pêle-mêle, j'entendis encore :

— Oui, ils se déchirent... c'est un homme qui a une grande élégance affective, il n'exige rien d'elle, excepté qu'elle en fasse autant pour lui, et il espère vivre dans cette harmonie. Mais une femme a besoin de sentir le poids du collier, c'est bien naturel. D'ailleurs, elle me l'a dit : « Je me sens comme un voilier de plaisance. » Comprenez ! ce respect de sa liberté la vexe ! La liberté, elle n'en a rien à foutre en dehors de son métier... — car c'est une femme qui travaille... vous savez qu'elle est médecin ? — et ils finissent par connaître côte à côte de ces fureurs de célibataires...

— Elle voudrait qu'il l'épouse, c'est évident, coupa une voix d'homme au fond de la voiture.

Alors, la nuit changea de couleur.

Quelque temps plus tard, en effet, Luze n'avait laissé, de toute leur vie, qu'un petit mot sur le buffet du couloir : « Je m'en vais. N'oublie pas de donner à boire au géranium. »

C'est à cette époque que je commençai de penser à lui sans penser à elle, et je m'aperçus que c'était facile.

3

On allait entrer dans l'automne.

Je n'avais jamais aimé les demi-saisons. Il fallait que ce fût ou l'été ou l'hiver et que chacun de ces deux caractères s'exaspère et se porte au comble de soi-même. Que l'hiver il y ait de la neige jusque-là, qu'elle entrave les autobus, que les écoles ne comptent plus les absences, que le jour n'ait plus le temps d'être soi-même, qu'on ait besoin de secours, que ce soit plus tragique qu'une fête. Puis que l'été on dise en défaillant : « Fermez, je vous en supplie, les persiennes », que fonde le goudron des routes, que les femmes enceintes gonflent la foule et portent la main à leur front, qu'on craigne aussi pour les vieillards qui pincent les lèvres et pour le dessèchement des campagnes, qu'on parle dans la presse de records de chaleur, comme si le monde était en train de se retourner contre lui-même et de vivre à nouveau quelque moment historique, que çà et là on ait des éblouissements et qu'on soit victime des couleurs.

Mais je n'aimais pas l'été non plus.

J'y souffrais depuis l'enfance du laisser-aller grandissant avec les beaux jours et de la démission des autorités, car ma mère soudain mettait des robes à fleurs, laissait les lits défaits sous la poussière du soleil, ne nous servait plus que des nourritures lâches et aqueuses ; la porte de notre maison s'ouvrait pour un oui pour un non ; la ville perdait la fermeté de ses lignes et de ses tons et surtout, surtout, dans cet éclatement des protections et des sécurités qui rendait les êtres les uns aux autres, jamais je n'avais trouvé ma place, mais plutôt un ennui égal au bleu du ciel devant cette gloire rendue par Dieu, qui anéantissait superbement celle que j'avais élevée à moi-même dans l'intimité de l'année, aux dépens de l'hiver du monde et de la tristesse des cœurs.

Dans l'âme échauffée de tous les jeunes gens de mon âge était suspendu le jugement qui, si je me révélais, me couperait en deux :

— ...Mais, t'as cinquante ans d'âge mental, tu vois... si tu penses ce que tu dis, c'est ça, tu vois...

Et quand les aimées étaient conduites en promenade, enceintes d'un bras qui les aidait à avancer, s'offraient sur mon chemin les vieilles filles prises de court, les fous, les amers, les chercheurs de souliers, les gens qui parlent tout seuls, ceux qui glissent à l'oreille : « C'est à toi, tout ça ? », et ceux dont la langue, au passage, donne en écho au pas féminin l'accent humiliant du petit trot de cheval, si bien qu'à travers les étincelles de l'air, la beauté des jardins et la grandeur de cet anniversaire, j'induisais la promesse en suspens de la mort prochaine des choses, des épreuves humaines et avant tout, celle, prédestinée, d'un terrible abandon presque familier de ma personne sur la terre.

C'était également la saison où resurgissaient d'anciennes amies de classe qui, depuis la sortie de l'école, avaient fait du chemin et qui, quand elles me retrouvaient, inquiètes de mes prudences à vivre depuis le temps, m'interrogeaient aussitôt à une terrasse de café, l'œil étoilé de celle à qui « c'est arrivé » et d'un petit ton quasi maternel :

— Alors ? Ça y est ? Est-ce que tu existes un peu plus, maintenant ?

C'est tout juste si, consternées de me voir encore affublée de ma pureté, et généreuses, elles n'auraient pas, chacune à leur manière, mis en œuvre quelque moyen de m'en délivrer.

Plus d'une, autrefois, me faisait de l'effet, et je les promettais à un avenir dont j'étais toujours plus sûre que du mien.

Celle que je retrouvai à la fin de cet été-là, m'avait invitée, un soir d'hiver, à boire une tasse de chocolat chez sa mère et devait partir l'année suivante rejoindre son père en Afrique, où elle avait déjà passé une enfance. La mère, en effet, avait la mâchoire avancée, le front chaud, les paupières lourdes et les cheveux en brosse des riches blanches, dont la féminité a dû s'illustrer entre le bétail et le soleil, et m'avait parlé avec égalité de ses boys dont elle avait la nostalgie, de la douceur et de la richesse dont on jouissait là-bas, du père de mon amie, en se touchant le buste sans mystère.

La mère alors déjà perçait sous la fille chez qui je décelai, quand je la revis, ce que cette imperceptible noirceur entre les lèvres et les dents pouvait avoir d'excitant. Gorgée de son passé en terre africaine, où cette même bouche s'était alourdie du double mépris qu'elle avait à la fois en parlant des Noirs et de notre continent, elle se faisait attendre à la sortie de l'école par un jeune archéologue en chandail rouge, au très beau regard, qu'elle appelait son fiancé, qu'elle traitait comme un serviteur de là-bas, et qu'elle supplantait de sa grosse voix.

C'était elle qui, un jour où je l'entretenais modestement de l'honnêteté et de l'harmonie qui régnaient dans ma famille, m'avait rétorqué en pleine cour de récréation :

— Ouais, la nuit les parents font la guerre, et le matin ils te disent qu'ils déclamaient des poèmes !

Elle avait gardé cette arrogance des filles qui ont traversé plusieurs fois la mer, dont les parents sont riches et cordialement séparés, à qui deux patries ne font pas peur, qui ont fini de se sentir moins belles que leur mère et qui, convaincues d'être aimables avant d'être aimées, n'ont plus, périodiquement, que le problème du personnage en quête d'auteur à résoudre. Justement, de retour d'Afrique, elle en était là et, à la terrasse d'un café, cette fois-ci on se plaignait auprès de moi du vide de l'été et de l'arrière-goût des passades.

J'y vis le premier signe du changement des jours. Car cette année-là, en effet, si le temps demeura médiocre et sans brutalité, pour la première fois je sentis la vie bouger et autrui m'intéresser. Enfin, j'avais dû mûrir un peu aussi, car je percevais la beauté des nuances comme aujourd'hui celle des demi-saisons, je savais qu'il y aurait toujours quelqu'un pour quelqu'un, je rêvais de souplesse et de m'entendre vivre, à mon tour, dans la bouche des autres, où le rapport, bon comme mauvais, était à mon imagination toujours magnifique et où j'avais entendu vivre déjà presque la moitié de la terre.

Avec un an d'avance quant à la tradition, la loi et la morale et deux ans de retard quant au souci de ma propre évolution, je quittai la maison de ma famille pour une chambre de jeune fille que j'étais partie chercher dans le quartier de mon enfance.

Je n'ai eu en abandonnant mes parents que le grave ennui de n'avoir rien à leur lancer à la tête et rien à leur reprocher, excepté peut-être, sourdement, ce sentiment d'avoir été coupée entre la racine et la tige qu'ils m'avaient infligé en décidant de déménager alors que j'avais dix ans et que je commençais à croire à l'éternité des choses.

Force m'a été pourtant de discerner qu'ils ne savaient plus m'inventer, m'aimer, ni organiser ma vie comme ils avaient su jusque-là me donner un nom, me trouver une école, m'habiller et m'ouvrir le monde.

Et quand je fermai la porte, ils dirent pour se consoler qu'il était temps en effet que débute leur vraie petite vie de fiancés...

A peine assise entre mes quatre murs, je commençai à sentir se lever en moi le véritable esprit de ma famille et la douleur de penser qu'autrefois il y avait au moins une mère qui faisait des macaronis à la vapeur, un père à craindre, une bonne qui conduisait sa vie en sus de celle des enfants, toujours quelqu'un pour entendre si je pleurais, un voisin d'étage dont le chien me faisait fête, un ascenseur dont je connaissais le caractère, les résonances et les promesses...

Enfin, quand, les jours suivants, j'entendis dire dans le quartier qu'on recherchait un drogué, d'un mètre quatre-vingts, africain, portant le bouc, en pantalon de flanelle grise et blazer bleu, je compris encore mieux quel abri représentait une famille, combien je m'étais mise à tous les vents, et que ce serait aussi avec les garçons de café tyranniques, les vieilles qui, l'œil et la canne fixés sur vos chaussures, exigent la marque du respect et s'énervent sur le passage, les lycéens, les messieurs trop oisifs et tous ces gens du dehors que je devrais désormais composer et ajuster mes propres humeurs.

Avec le temps, je pris l'habitude de dresser des plans d'allégresse et de célébrer des messes de solitude. Il fait jour, il fait nuit, me disais-je, je suis seule, j'ai du travail, je gagne de l'argent, j'ai des amis, je peux sortir, je lis la vie de Balzac, un jour je serai aimée, on m'appellera au téléphone de toutes parts, je ferai moi-même ma vie et j'aurai une place à côté de l'homme.

Je le revis en décembre au mariage de la jeune fille saoule rencontrée chez eux.

J'aurais dû deviner que c'était d'un mari qu'elle avait besoin, ne serait-ce que par le choix de ses souliers, de couleur exaspérée, d'un genre égaré ; puis ce vice à écorcher du citron, qu'elle suçait et rongeait jusqu'à l'écorce sur ses gencives, en balançant doucement les jambes... enfin la traîne de son regard dans les yeux d'autrui où elle s'introduit par quelques mots légers, puis, ayant oublié la fin de la phrase, se mire, se coule et se suspend impudemment pendant que, mobilisé, on se demande s'il faut sourire gentiment, lui répondre, s'inquiéter de sa santé, la fixer pareillement ou brutaliser cette trouble adhésion en détournant les yeux avec ignorance.

J'aurais trouvé vulgaire, ce soir-là, sous prétexte que nous étions deux filles seules devant une cheminée, de parler d'amour ; mais, laissée enfant unique par une sœur perdue à l'âge de neuf ans et à l'abri du mouvement par des parents affligés devenus casaniers, elle m'aurait appris cependant comment, dans une famille repliée sur elle-même, l'arrivée d'une seule rose, quand elle eut dix-neuf ans, avait mis de l'émoi.

Elle émergea de la céleste voiture devant l'église au bras d'un homme qui eût pu être son père. Mais justement c'était lui.

Toutes les femmes anciennes attendaient depuis une heure déjà debout sur le parvis, une main dégantée, la nuque à l'ombre d'un chapeau portant l'horizon du passé, le bas de la jambe sec et la chaussure éclatante.

L'église était un peu ronde, les contreforts avaient cette lourdeur émouvante du corps qui décline tout doucement. Toutes les jeunes filles qui montaient et descendaient les marches où la mariée allait passer, marquant l'air d'impatience, à sa vue se rassemblèrent en un seul vol autour d'elle et s'attachèrent à sa robe comme des hirondelles avant la pluie, les unes travaillant dans ses reins, la tête sous les jupons, les autres penchées sur son buste, chacune fuyant son regard mais lui bouchant la vue, avant de s'écarter brusquement toutes ensemble, révélant le chemin qui s'ouvrait à ses pieds.

La main fine et crispée au bras de son père, et sous ce soleil au seuil de l'église, la jeune épousée avait des cernes de peur aussi noirs que ses voiles étaient blancs.

Ils furent, à l'entrée, aspirés dans l'ombre par un remous de regards, de bouches ouvertes, de pressements d'étoffes aux bords d'une vivante trouée.

Par terre, accroupie dans leur sillage sur ses talons aiguilles, la mère, engoncée de boucles de mouton noir, battant d'une aile pour y coincer son sac à main verni qui fuyait par-dessous son aisselle et le chapeau versé, se débattait effroyablement seule dans la plaine de tulles aux plis cassés que laissait sa fille derrière elle et je l'entendais appeler sans voix en même temps : « Mais la musique ! la musique ? »... la musique qui ne venait pas tandis que le couple s'avançait déjà à pas calculés sur le tapis rouge. Sans transition les orgues éclatèrent, comme ce cri des bébés dans les après-midi creux, qui a commencé une antiquité avant qu'on ne le perçoive et qui s'élève irrémédiablement dans l'atmosphère pendant que l'on accourt... et la fille, ses longs voiles enfin bien étalés effaçant lentement derrière elle ses derniers pas de fille; échappa à sa mère au bras de son père, respirant comme un gibier que le prêtre, de loin, fusillait du regard.

Toutes les voix du monde allèrent en mourant comme au théâtre à l'instant de renaître ailleurs en situation neuve et cent pieds de chaises évoquèrent l'heure où les grandes familles du dimanche se mettent à table.

— Est-il utile de souligner que l'homme et la femme sont différents ? s'élança le prêtre de sa voix rompue aux textes sacrés... Si l'on considère que les femmes sont des pays à traverser, la voisine est toujours plus belle, plus étonnante, plus mystérieuse et verdoyante que celle qu'on a... Mais si l'on se souvient que c'est de la femme même qu'on a reçu nos yeux, nos jambes et tout notre corps pour goûter et voir du pays, et qu'en nous donnant cela comme elle nous donnait notre part de vie, cette femme n'avait que foi en l'usage que nous en ferions... Si l'on se souvient qu'au moment des adieux notre mère nous a dit : « Si tu regardes une femme, que ce soit sans gêner son visage, entre le nez et la bouche, et de même quand tu lui parleras »... Si l'on se souvient que c'est déjà par une femme et par une seule que, du premier jour jusqu'alors, on a connu la joie et si, dans cet état d'esprit, vous prenez racine chez une femme élue par vous comme Notre-Seigneur a élu votre naissance, alors ce qui pousse et se construit est une échelle vers le royaume de Dieu, qui tient par-devers Lui cette satisfaction magnifique qu'on vous promettait dans votre enfance pour jeudi ou dimanche prochain, puis pour laquelle vous aurez vécu en espérant toujours plus tard...

Les mains de la mère, debout au premier rang, s'étaient enchaînées l'une à l'autre en une poignée fiévreuse qui la tirait tout entière à bout de bras vers ses chaussures parallèles et, la nuque à l'air libre décrochée à angle droit dans l'attente du coup de grâce, elle était redevenue à l'image de son époque la femme désespérée, dramatique et juvénile des années Trente.

J'étais tourmentée de n'être pas assez grande, assez intelligente pour accéder pleinement à la pensée dont étaient chargés tous les instants de cette heure, qui accomplissaient une date de plus dans l'histoire du monde, mettaient en marche une nouvelle petite histoire, à laquelle, pour décompter le temps et situer les souvenirs devant les petits-enfants, pourraient remonter, si Dieu le permettait, maintes vieillissantes bouches futures engendrées l'une de l'autre depuis ce jour vers l'infini, et j'avais la chance d'être contemporaine au mariage de cette arrière-aïeule en herbe, comme à l'une des racines des générations à venir.

Mais Dieu, premier des conviés, seul savait ce qui se passait vraiment, et comme si toute ma vie j'étais vouée à ne percevoir que la moitié des faits, je ne recevais que des bribes du sermon.

... Bientôt, pensais-je, elle aura plaisir à aller dans le quartier faire ses courses car elle aura été couverte de baisers quelques heures plus tôt, et elle pourra s'en souvenir en entrant dans l'épicerie.

Soudain, j'avisai que tous ces hommes sur leurs deux pieds faisaient le mariage, en ne répondant seulement pas du bonheur qu'ils vendaient, et sans même savoir si cette femme avait été préparée pour être heureuse et pour le supporter.

Des phrases entendues me revinrent, des histoires de bêtes qui se mêlent d'avoir raison, de terrain de vérité, de brusque métamorphose de quelqu'un qu'on croyait humain, et qui pouvait jurer que cet époux ne changerait pas du jour au lendemain ?

La mariée, les yeux révulsés au ciel des anges, humait l'air et l'odeur des voûtes, dépliant de droite et de gauche son cou sinueux, donnant à trembler à sa longue crinière. Et avant que personne ait pu imaginer qu'elle entrait dans de mauvais draps : « Je te veux, tu me veux, on se veut », dirent-ils. Et ils se couronnèrent le doigt.

— Te souviens-tu de ce qu'elle disait à sa grand-mère ? chuchota la mère au père, tandis qu'en retour ils prenaient l'allée centrale. Mais si, tu sais bien : « Quand tu laves mes petites mains... »

— ... tu laves aussi les tiennes, termina tristement le père.

Néanmoins, soit qu'elle ait finalement décidé de correspondre au costume dont elle était porteuse et d'être la femme de la situation, soit qu'elle ait été prise au jeu, soit qu'elle ait vraiment senti en elle quelque chose se rompre, cette petite fille passa dans un grand ramage d'étoffes et, renvoyant en premier au néant son amoureuse mère qui déjà accourait comme autrefois, elle apparut à la lumière du jour, mariée, la main fermée sur son bouquet, le front indéchiffrable de la nomade suivant son chariot.

Cette mère ne cessa pas de pleurer, et prévoyante, pendant la réception qui suivit, tint des lunettes noires toujours à sa portée, annonçant encore des larmes pour tout à l'heure et d'autres dans la soirée, bien qu'elle se grondât :

— Il ne faut pas pleurer, cela vexe mon gendre.

— Je vais vous dire comment c'est arrivé à la mienne, lui dit une collègue compatissante. Un matin, je la trouve prenant son petit déjeuner sans robe de chambre. Il y avait quelque temps déjà qu'elle ne m'avait plus permis de voir son corps. « Fais attention, lui dis-je alors, tu es trop maigre, ça n'est pas joli. » « Ce n'est pas l'avis de tout le monde », me répondit-elle très bas-bleu. Elle se leva. « Je t'assure... » Elle se mit de profil, le derrière en valeur, les mains sur les cuisses, le cou en diagonale et l'œil au plafond. « ...quand je suis avec mon petit Val-d'Isère, ma petite culotte assortie, je ne suis pas négligeable... d'ailleurs, la preuve ! » Et elle sortit de sa chemise une chaîne d'or, plus fine qu'un fil de soie. C'est ainsi que moi, Madeleine, j'ai appris l'existence du jeune homme !

Une autre, prenant la suite, raconta comment sa grand-tante, au soir de ses noces, avait été prise à la barbare par son époux, tout de suite après qu'il eut déchiré d'une seule pièce, en tenant sa femme de l'autre main, sa robe de mariée entièrement cousue sur elle à cet effet. Nouvelles larmes de la mère qu'on ne savait décidément plus comment distraire, ni convaincre de la réalité de circonstances pires que celles connues en ce moment par elle et sa fille.

— Evidemment, à la réflexion, votre fille commence une épreuve, admit une femme faite. Car nous autres femmes, en amour, nous donnons plus que nous ne possédons. Mais c'est aussi à la magie de cette surenchère que nous nous accomplissons. Qu'aurions-nous fait d'autre, dans la vie ?

Oui, cette dame avait raison et, demain, il la poursuivrait dans l'appartement, tout ému du souvenir de ce qui leur était arrivé cette nuit, il voudrait lui en parler et elle lui retournerait un visage infiniment naturel, trouvé dans cette surprenante souplesse de la femme aux bouleversements d'elle-même.

Mais ce soir, plus l'heure avançait, plus elle craignait de mourir et jurait tout bas de se tenir à quatre mains. Sans cesse son mari l'attirait, la tirait, la soulevait, la pinçait, l'embrassait, l'asseyait, la mordait et la relevait. Il fallait tout de même qu'elle l'aimât beaucoup pour ne pas se mettre en colère.

Seul au milieu des autres, la tête portée en arrière un peu penchée, les yeux à demi fermés et l'expression à nu, celui que Luze avait aimé, qui serait aimé par d'autres, semblait tenir au bout de sa cigarette fichée au rassemblement de ses deux lèvres et dressée dans son visage, tout l'horizon du monde en joue.

Depuis un moment me revenait comme un refrain, parmi les personnes toutes présentes et au complet, le sentiment aveugle qu'il manquait quelqu'un, et de façon aussi éprouvante que si c'eût été la mariée qui manquait à la réception.

Nous nous trouvâmes alors qu'une même soif nous faisait chercher un verre.

— Avez-vous entendu que la chasse aux papillons, aux écureuils et aux escargots est interdite pour trois ans ? me dit-il. Ne croirait-on pas qu'enfin, on veut leur laisser leur part de bonheur ? Détrompez-vous, on attend de ces animaux qu'ils mettent ce temps à profit pour se multiplier, afin de pouvoir bientôt reprendre la chasse !

Une jeune fille seule, sur qui dans un instant trouble et serré avant de retrouver une parole nos yeux étaient allés flâner, voyant qu'on la regardait, lança ses pupilles à leur voûte et, les ayant suspendues dans un bleu sous lequel on se lamenterait, laissa tomber une lèvre, comme interrompue dans son être par quelque apostrophe intérieure...

— J'aimais aussi faire l'intéressant, me dit-il en la désignant du sourcil, mais je m'amusais plutôt à loucher pour déformer les objets du salon trop familier. Alors ma sœur recevait une gifle : « Pour vous apprendre à rire de la sottise de monsieur votre frère », lui disait ma mère. C'était pour m'apprendre à moi, ajouta-t-il, à insulter Dieu, quand Il m'avait donné la santé.

La découverte que cet homme grand, particulier, en possession de lui-même, intègre et parfaitement terminé, avait eu une sœur témoin de ses métamorphoses, de ses pleurs d'enfant et de ses maux de tête, qu'il s'était autrefois comme moi pincé les doigts dans des portes, avait sur certains chemins rusé avec sa propre mère ou rêvé de la semer, qu'il avait été gourmand et félon comme nous tous, sur le moment m'étonna.

Puis je reçus de sa bouche des souvenirs si beaux, des choses si belles qu'elles me faisaient gémir en moi-même : « Mais quand, quand donc a-t-il eu le temps de vivre tout cela ? »

Il alliait son érudition à son instinct du pittoresque. Ses enthousiasmes étaient aussi grands que ses querelles. Il parlait vite, sans détour, avec joie et dans le seul souci, semblait-il, de ne pas m'obliger à parler moi-même, soupçonnant peut-être combien je n'étais en mesure que d'écouter.

Nous étions dans la bibliothèque, le soir était tombé, quand une rumeur nous fit rejoindre le monde, qui en était aux adieux.

En une minute, au milieu des salons, la mariée fut dévastée de ses tulles par les jeunes filles, jusqu'à la presque nudité. Le marié reprenait sa main au vol en disant : « Ça suffit, allons, viens », tandis qu'affolée et toute déchirée elle voulait retrouver ses parents qui, ailleurs maintenant, riant et remerciant, entourés de femmes en soie verte, chapeaux rosés ou blouses à pois, recevaient les derniers compliments. Enfin, ébouriffée comme un oiseau vaincu, elle s'abattit sur le poing ferme de son mari qui emporta sa proie dans une dernière attitude décente.

Je l'ai revue, juchée sur un de ces hauts tabourets ronds où se hisse, en haut d'une jambe tendue ainsi que la vigie des bateaux, la croupe des femmes averties.

— J'ai idée que si je m'étais sentie plus jolie, je n'aurais pas épousé mon mari, m'a-t-elle dit.

A la grâce de ces derniers jours avant Noël où l'on se met à vivre comme entre parenthèses, il a fait usage du téléphone, offert de se déranger et continué, sans rien demander pour lui-même, de me parler vivement des hivers, de sa mère, d'un éclat de rire à son apparition un matin où il se sentait fragile, d'un plat auquel il n'avait pas goûté depuis longtemps, et d'après des exemples qu'il trouvait devant, derrière ou à côté de nous, pendant les longues marches que nous faisions, de ce que pouvait signifier d'erreur le mauvais port d'un corps, l'usage d'une teinture, ou de timidité un langage écorché. Il disait les matins et les soirs qui l'avaient éprouvé, il poursuivait, et le mal et le bien et le laid et le beau s'enchaînaient en une boucle vivante, tournant comme un seul monde.

Tout en lui, cependant, sa grande faim, sa joie, sa réserve, ne restait que proposition ; tout seul à mon côté, il discourait, disputait, se jetait la pierre, la relançait, puis je ne sais quoi d'envolé dans ses gestes, subitement semblait se rassembler, se raccourcir, reprendre une forme première, il disait se méfier de la saison et, comme il aurait pris la fuite, il prenait congé avec diligence.

Avec ma lenteur habituelle et mon naturel réfractaire, c'était toujours le lendemain que je me mettais à vivre les heures de la veille. C'était à la fois très pénible et très occupant, car il me restait sans cesse la liberté soit de lui dire, soit de lui taire combien on pouvait vivre de lui dans son dos, du point d'honneur qu'il mettait à aimer chaque instant de sa propre vie jusqu'au soin qu'avaient ses gestes de ne pas déchirer l'espace dans lequel ils s'inscrivaient.

Mais naturellement il savait ce qu'il faisait... En tout cas, il était de son devoir de s'en soucier. Car j'interdisais qu'on me bouleverse de la sorte.

4

J'avais, comme toute jeune fille, de-ci, de-là, quelques amis qui allaient et venaient à l'intérieur de mes semaines, avaient eux-mêmes des amies de relais, qui coloraient et occupaient temporairement le sentiment solitaire laissé par les travaux, les rêveries ou les dimanches en famille.

Les vacances de Noël, mon désarroi, son départ pour les Cévennes, son amitié et le bonheur de sa compagnie m'ayant inclinée à suivre Gilles, soudain, le deuxième lundi, je ne supportai plus sa façon de vouloir être un homme, ses grimaces d'homme, le regard de mécanicien à qui on n'apprend pas la mécanique qu'il posait sur sa voiture, son air de connaître la suite des choses alors que les clefs du véhicule, dont il avait l'autorité, étaient restées seules au restaurant sans qu'il s'en souciât avant d'en avoir besoin et que, confondant le sens de l'orientation avec l'obstination, il nous avait chaque fois déjà menés dans la nuit la plus noire.

Je ne supportai plus la cigarette qu'il s'offrait pour commencer à réfléchir, ni celle avant d'agir et même plus celle par laquelle il se récompensait d'avoir agi, qui, à mes yeux d'autrefois au contraire, lorsqu'en conclusion d'un effort physique il l'allumait à l'abri du vent, l'habillait d'un rien de désinvolte masculin, secrètement apprécié.

Qu'il ait du fer au talon de ses chaussures, que content et à cause du beau temps, il fasse du tam-tam dans la voiture, du volant à sa cuisse et de sa cuisse au volant, qu'il rie tout haut pour attirer mon attention, qu'il me désigne les paysages et me les choisisse, mais qu'il ne sache pas se taire devant la Beauté et s'y déverse au contraire en de multiples cris populaires, de ceux qu'on fait par pudeur et exorcisme, je ne le lui accordais pas non plus.

Et alors que, la réalité endormie au fil des routes, je rêvais à des succédanés de Luze, ...et bercée par les respirations du moteur j'étais de nouveau dans le salon, je dénouais autrement une scène passée..., Gilles, sans prévenir, arrêtait net tous les rouages de la machine et descendait sur le bas-côté humer sans retenue et de tout son torse, dans le silence nouveau et cruel, l'herbe pure de la région.

Mon ami Gilles m'apparaissait méconnaissable et je ne pouvais plus nous sauver.

— Je t'aime, avais-je entendu s'écrier un jeune homme à son amie, parce que ton grand-père a coupé le monde arabe en deux.

Enthousiasmée par l'allure d'un tel amour et mortifiée de ne pas du tout en comprendre le sens, j'eus l'idée, de retour à Paris, de réclamer à François l'initiation politique à laquelle il avait toujours été désireux de me soumettre. Et je l'appelai.

...Je me portais bien, les années précédentes, de rencontrer tour à tour les personnes de la vie, aussi différentes entre elles que le sont deux visages. Je trouvais déjà digne d'émotion l'heure étonnante où, obéissant à un mot commun prononcé la veille ou le matin, deux personnes dans leur journée quittent l'une pour l'autre logis et famille, vont à travers Paris l'une vers l'autre et se trouvent, pour rien, pour manger ensemble.

Mais, tout au long de ces tête-à-tête au restaurant, je ne pus être sensible à nulle autre chose qu'à cette inappétence agaçante et contagieuse de François, à ce nombre de plats auxquels il ne pouvait toucher, propre aux enfants mal élevés ou à certains nihilistes orgueilleux qui se veulent supérieurs à la nature et à la nécessité. Il s'amusait secrètement à cet esclavage, et son ventre pleurait de faim tout haut pendant qu'au-dessus sa tête agitait des idées plus hautes et refaisait le monde.

Mais, s'il condescendait à bien vouloir se nourrir, il n'affirmait pas contre son assiette la franche nature des garçons et, son regard fondant superposé au mien, la fourchette en balancier léger, le poignet attendri, le geste étudié et la bouchée petite, j'avais finalement à ma table une sorte de femme plus triste que moi, qui devant mon plat de résistance affectait la bienveillance et le respect de ma vie, mais qui aussi me gardait jalousement des autres et ne débordait de virilité qu'en payant l'addition.

Au laboratoire où nous travaillions ensemble, je découvris que je n'aimais pas d'Alain la façon de toucher l'argent, sa poétique, ses adjectifs, son « je » qui aimait et qui n'aimait pas, qui détestait ou qui adorait et toute l'odeur de son monde. Pour paraître avoir un avis sur les choses, il en disait du mal ; et dans l'exposé de ses habitudes de vie, où traînaient à la finale des phrases les cadences simultanées de la modestie et de l'orgueil, il s'étonnait toujours de lui-même comme d'une autre personne étonnante. « Il faut me voir à ce moment-là », disait-il, et il croyait entendre chez son interlocuteur la résonance admirative : « Tiens, tiens, Alain est comme ça... » Mais il capitulait quand je le contredisais, se faisait tout plat quand j'avais l'air de poursuivre une pensée et je souffrais qu'il m'attende à la sortie de ma réflexion.

Enfin j'étais malheureuse que me demandent, l'un à tout instant comment j'allais au point que j'allais mal, l'autre si j'avais chaud ou froid et que, tiède justement ou n'y pensant pas, il me faille me tâter et donner une réponse. Que celui-ci, témoin de hasard de mes élans vers la vie, les prenne certains soirs pour des élans d'amour travestis et tout bas brusquement me meurtrisse la main de reconnaissance ; que celui-là, au cinéma où je m'apprêtais à vivre une heure agréable, passe, aussitôt la lumière éteinte, son bras autour de mes épaules et veuille l'y maintenir avec pour argument : « Mais puisque ça me fait plaisir... » ; et que tous, enfin, cherchent à détruire jusqu'à ma naïveté et mon indulgence envers les hommes en général, qui me servaient de foi.

Inquiète de finir comme la fille du roi qui faisait petite bouche devant chaque prétendant et ne comprenant pas encore de quoi j'étais habitée, j'avais bien essayé de me lier un peu mieux avec Edouard et, suivant sa volonté, je le voyais une heure ou deux tous les jours, mais le week-end que nous passions chez sa mère à la campagne me donnait l'idée de ce qu'auraient pu être des journées entières consenties à son côté.

Depuis que l'homme peut avoir chaud autrement qu'en se blottissant contre un autre, la vie à deux, Dieu le sait, ne paraît guère naturelle si l'on n'a pas une raison originale de s'associer et d'accepter un tel encombrement, une telle violation de paroles, de gestes, de regards.

Soudain, sur un chemin, j'ordonnai :

— Ne parle plus. La lumière est trop belle.

Car je ne pouvais pas avoir une brise dans le cou, une glissade du pied sur un gravier, un regard à gauche, une cigarette à la main, sans qu'aussitôt il soit là, avec son œil et son entendement, et qu'il faille que je dise si j'étais suffisamment couverte, si à mon avis ce petit caillou était là exprès pour me faire tomber, qu'il s'alarme sur la gauche et que, tout comme le premier des hommes à une branche de bouleau, il mette le feu à ma cigarette.

N'avais-je donc plus le droit d'avoir froid ? de déraper ? de me taire ? N'aurai-je jamais plus ce plaisir de gratter le papier de verre avec l'allumette ?

Et il s'appropriait les mouvements de ma vie par ces égards humains, qui m'annonçaient à chaque instant que j'étais à deux pas de tous les malheurs, m'obligeaient à lui être redevable du ressort et de la température de ma personne, de la cigarette dont il se privait avec cœur en matinée pour mon odorat, et nous étions là, tous les deux, à soigner mon corps.

Mais le grand silence où je le faisais vivre le laissait dans une profonde vacance de soi, où ses instants étaient si spirituellement nuls que, jamais délivré du besoin de se donner dans son entier, tout ce qui lui sautait aux yeux lui sautait aux lèvres : la moindre aspérité, quelque chose qui bougeait, rien qui bougeait, un monsieur du village, une fumée, une convention, accrochait immédiatement son attention malheureuse et lui faisait naître une minuscule question sur l'origine, la raison, ou la destinée « à mon avis » de cette bosse au plafond, de l'emplacement de cette assiette, de l'ongle noir de la dame, du courant d'air qui passait...

Au point que je priais et suppliais le ciel que le monde qui nous entourait tombe dans un néant énorme, qu'il n'y ait plus de vent, que plus un brin d'herbe ne tremble, qu'il ne se passe plus rien, et rien d'anormal, qui puisse offrir matière et raison à son observation de s'exercer, et de s'exprimer par cette voix douce, volatile et lointaine, réglée pour ne pas me déranger, qui faisait que chatouillée et alertée tout à coup par ce murmure obstiné, je m'écriais passionnément :

— Et si on allait à la messe ?!

Mais si dans un moment de besoin, moi-même, je le dirigeais vers un sujet qui m'intéressait, il cumulait alors, sans que rien n'avance, des mots sur d'autres mots, perpétuant le synonyme jusque dans le pléonasme, où une autre périphrase prenait sa source et sa triste consistance. Et je ne pouvais plus ni le faire taire, ni le dévier, car il poursuivait avec la sagesse de l'enfant qui, arrivé depuis longtemps à ses limites, devient stupide et abêtit sa mère — jusqu'au fond donc, de sa matière malingre —, car il avait, en plus, le goût de l'analyse.

Nous rentrions tout doucement à travers la campagne vers sa maison natale et le bras qu'il avait posé en travers de mes épaules pesait de minute en minute plus que le corps d'un boa tout entier, mais puisque le ciel était beau, que la journée finissait, que j'avais un peu faim, que sa mère nous attendait pour nous mettre au chaud et qu'Edouard avait pour lui, en ces dimanches soirs, une grande confiance en la vie, je m'exhortais à la sérénité de l'heure, à trouver du goût au sacrifice, et accomplissais jusqu'au seuil ce métier de Chinois.

A l'arrivée, heureux et las de cette promenade, il me prêtait à sa mère qui me regardait avec une affection tout accordée et, de femme à femme, tandis que, moitié de l'une et presque moitié de l'autre, pour favoriser le ballottement de son prénom dans nos deux bouches il se pelotonnait sur lui-même avec satisfaction comme respirant encore sur lui l'odeur du lait, elle me disait :

— Vous qui avez maintenant, certainement, plus d'influence que moi sur Edouard, vous devriez lui conseiller de couper un peu cette chevelure : voyez ces boucles, là, sur l'oreille, et derrière..., vous l'aimez comme cela ?

Et mère et fils attendaient, chacun pour soi, différemment, paupières levées et bouche ouverte, l'expression à la fois de mon bon goût et de mon amour.

Alors m'apparut l'ennui énorme que je contenais.

En plein hiver, ma saison préférée, je m'ennuyais en moi-même et dans tous les lieux de la vie. J'avais peur de lire, et j'étais effrayée de mon incuriosité. Les instants étaient creux et se répétaient dans un éternel présent où j'étais moi-même absente, où tout alentour était transparent, attendant pour exister que je voie, que je prenne ou que je nomme. Insuffisante et indigne du moindre moment de bonheur, qui revenait sous forme d'espoir, je barbouillais mes journées. Et qu'un ami de mon père en conversant sur la variété des voyages lui dise par exemple : « Vous savez, rien ne vaut l'Europe », j'allais m'enfermer dans ma chambre, désespérée du nombre d'années que j'aurai encore à vivre avant de pouvoir dire des phrases magnifiques comme celle-ci. Enfin, mon chemin quotidien était un chemin de croix quand les mauvaises filles et les mauvais garçons, qui allaient dans les kiosques à l'heure où je rentrais chez moi, éprouvaient la nécessité de huer ma solitude ou mes habits, forts sans doute, juste après l'école, de tenir quelqu'un par un sein, ou d'avoir le sein tenu.

Le sept janvier, par honnêteté, je dis à Edouard, sans jamais lui avoir dit le contraire, que je ne l'aimais plus. Son dernier mot fut incompréhensible.

Je me laissai inviter le soir même par un jeune homme de vingt-trois ans, qui éclatait de rire d'un air dégagé en plissant le nez avec beaucoup de chic. Les jours suivants, il me disait : « A sept heures, ma souris », avec une pointe de grande distinction entre les dents, si bien que je ne savais si le ton était parodique, spirituel ou s'il était véritablement pour lui l'expression de son affection. Mais c'était une fausse santé.

Sa conversation était peuplée de visions infernales, du pourrissement des corps vigoureux qui bougeaient autour de nous dans les cafés et les restaurants, entièrement minés, disait-il, de germes mauvais ; il laissait parler son intuition, évaluait les morphologies et prévoyait qu'un tel mourrait de mort violente, tel autre d'hémiplégie pour avoir trop aimé la vie et que cela serait affreux pour ses proches. Peu à peu, la mèche du passionné lui tombait sur l'œil, sa chemise s'échappait de son pantalon.

Jaloux finalement de la vie d'autrui, éperdu et avide de marques de tendresse, il se confisquait lui-même brutalement à ses amis pendant plusieurs jours, afin qu'ils ressentent une blessure à l'endroit de cette échappée.

Me retrouvant toujours égale à moi-même, un jour il disparut complètement.

5

Je ne saurais pas dire à présent comment je suis allée passer tant de temps dehors avec d'autres, alors que je l'avais déjà rencontré et que je n'avais qu'à attendre son appel.

Aussitôt toute une intelligence intestine de ces heures si mal vécues, si lentement, si malhonnêtement que je les croyais perdues, me gonfla, me rougit, fit éclater de toutes parts mon corset d'indifférence et j'entrai devant lui dans une énergie et une chaleur, à tenter de lui en faire le récit tout neuf, qui me faisaient vibrer et rager sur place comme un gros bébé bloqué, sans qu'aucune phrase intelligible encore ne sorte.

Plus aisé dans la même hâte, il finit par garder la parole de manière continue, et ce monde alors, qui s'était si étrangement arrêté, rentra dans ses gonds, tout doucement recommença de tourner.

Il y avait dans ses récits les dimensions qui manquent à la vie réelle. Toutes choses qui remportaient son admiration se couvraient de lumière, et arrêtées, isolées dans le clignement de ses yeux, se montraient telles que je n'aurais pu les voir si je les avais vues moi-même. Il expliquait même l'air du temps, la souffrance d'une seconde, reprenait l'histoire d'une heure qui s'était écoulée dix ans auparavant, retournait jusqu'au dimanche de 45 où, en forêt, son grand-oncle lui avait confié qu'il n'avait qu'un poumon, pour introduire les dernières dates de ses étonnements, de ses blessures, de ses rencontres. Et comme le diamant découpe le verre, sa voix nette et granitique taillait dans l'invisible et les étendues de l'âme, en détachait les veines les plus sensibles et les plus fines.

Il multipliait les documents de lui-même, me rendait le temps que je n'avais pu connaître, et comme si mon retard auprès de lui datait du jour de sa naissance, me revenaient de droit tous ses actes anciens, ses habitudes, son décor, le gros pâté sur une majuscule de son cahier d'écolier, dont il lui restait encore un peu du désespoir.

Il parla aussi de plusieurs femmes, dont le vide lui avait donné le vertige, dont les coloris l'avaient ému, et d'autres qui, à elles toutes, l'avaient fait un peu tel qu'il était.

Et comme il annonçait, en exégèse de l'univers des femmes, ses goûts profonds, ses préférences, ses rêves, son idéal, sans tenir compte cependant de mon apparence particulière comme s'il eût parlé à un homme, ses mots, qui dans l'absolu disaient blanc, me laissaient telle qu'en moi-même sur la banquette du restaurant, noire, imparfaite et hors jeu et si je n'eusse déjà songé à lui plaire, certes j'aurais ce jour-là commencé, au détour de la vanité, à calculer les chances que j'avais auprès de lui.

Violentée par l'alcool qu'il m'avait donné à boire, qu'il avait payé, je me retrouvai chez moi, seule à vivre la chaleur de la coulée, dans la brume et la lutte de mon esprit.

Il avait l'art de partir, sans rompre, sans terminer et sans qu'on s'en aperçoive, de la même manière que le jour dont il faut savoir quand la nuit vient et le remplace, qu'il ne s'éteint pas, qu'il dure quelque part et reparaîtra bientôt. Il avait parfois la grâce de laisser un dernier mot savoureux à sucer après son départ, ce que je ne faisais jamais pour lui, tant j'en aurais eu à lui faire emporter, ressentant en outre, surtout, que de nous deux, quand l'heure nous séparait, c'était toujours moi qui étais quittée et à qui était dû ce mot de la fin.

En moi, je le regardais venir comme à la mer, autrefois, la vague énorme qui se préparait sur le rivage dans un calme subit, un hoquet du son, tandis que toute petite devant sa fascinante arrivée, je pensais au ralenti à la manière de la recevoir.

De son côté, il m'invitait jour après jour pour m'informer qu'il me fuyait de tout son être, que d'hier à aujourd'hui il m'avait entièrement démontée et que j'avais à me reconstruire auprès de lui, ou téléphonait pour dire combien je le dérangeais, comme j'étais encombrante.

— M'intéresserais-je encore à vous si je travaillais quinze heures par jour ? demandait-il.

Je trouvais dans ce langage plus qu'on ne m'avait jamais dit dans les compliments les mieux tournés mais par un souci encore assez vivace de ma propre façon d'aller et de ce que j'avais à faire en dehors de lui, j'entretenais une telle ardeur à l'interrompre, à le quitter et à m'affirmer que, plus d'une fois, je me retrouvai chez moi, toute dépourvue et étonnée d'y être, ne sachant plus ce qui m'y réclamait, quelle en était l'importance et carrément furieuse d'avoir eu la liberté d'y retourner, comme s'il m'y eût lui-même renvoyée.

Je m'essoufflai vite à cette guérilla, d'autant plus que ses propres allées et venues en désordre vers des théâtres de province, où il ne se déchargeait jamais définitivement de ce pourquoi il était parti et d'où il revenait seulement grimaçant contre lui-même, les choses, les gens, le temps, étaient, pour qui vivait ses départs et son absence, des dépenses de pensées et d'énergie inutiles car on le suivait par l'esprit et par le cœur dans des contrées où il n'était pas ou déjà plus, pendant qu'il était là où on ne le croyait plus, ou pas encore.

Or, depuis toujours, chaque départ, chaque chose qui s'éloigne, me prive de toute façon, et m'offense. Ce n'est pas un sentiment très éloigné de celui de Louis XIV quand il disait : « Il me semble qu'on m'ôte la gloire quand, sans moi, on en peut avoir. »

Etait-il une jeune femme quelque part, affligée d'un œil abîmé ou d'un défaut de la nature, aussitôt il me faisait part de l'intérêt qu'entre toutes elle lui inspirait, puis guettait mon approbation, non pour le charme exotique de cette personne, mais pour le choix qu'il en proposait. Tout à coup, sans attendre ma réponse :

— Bientôt, soufflait-il, vous allez me regarder par-dessus votre épaule...

Et il mourait de peur.

Je compris que cette femme que la conscience de son état rendait d'une maladresse émouvante, dont toute la tenue n'était que douce excuse et crainte de s'imposer, n'ayant plus d'autre exigence que celle d'être acceptée, ne pouvait séduire de si loin qu'un homme qui manquait de confiance en soi et qui, en se proposant de l'aimer pour son étrangeté même et de lui montrer qu'elle était belle, pourrait s'attendre à n'être pas plaisanté.

Il fallait qu'auprès de lui je me fasse pardonner mon existence. Ses sentiments rudoyaient son honneur. Il aimait comme une Provençale du XIIe siècle. Il me retournait en culpabilités toutes les terreurs qui étaient en lui et me les traduisait en interdictions, telles que : « Vous avez un regard étonnamment privé, ne le posez jamais sur moi en public », qui m'auraient fait rentrer sous terre plutôt que de les braver et cela afin qu'il ne me prenne jamais l'envie vulgaire d'exprimer devant des gens quoi que ce fût d'affectif, ne fût-ce qu'un éclair comme il en passe par beau temps dans les yeux, ce qui revenait pour moi à ne me rien permettre d'éprouver.

Parfois, après des heures parfaitement menées d'ignorance de lui en société, dans un instant de faiblesse je le regardais en me demandant : « Ai-je été assez froide, assez étrangère pour lui plaire ? »

Mais j'avais commis la désobéissance d'Orphée aux Enfers ; il n'y avait pas une lueur de récompense dans ses yeux et quand, par un jeu assez naïf et assez ancien pour qu'il ne prête pas lieu à des soupçons originaux, je laissai par deux fois gaiement tomber mon bracelet d'or sur le carrelage, pour jouer un peu avec sa bonne éducation qui le précipitait vers la terre et en souvenir de toutes celles que j'avais vues dans les livres perdre leur mouchoir parfumé, je crus comprendre que j'étais de très mauvais goût.

Comme le scarabée qui revenant obstinément à l'assaut d'une surface verticale retombe toujours de la même hauteur, on était sans cesse remis par cette farouche exigence de discrétion, à la moitié du chemin qui menait jusqu'à lui. Là avait dû s'épuiser Luze.

Il ne se passait cependant plus trois jours sans que, d'un commun accord, nous allions l'un à l'autre.

Mais pourquoi ne disait-il pas témérairement : « Venez me voir cet après-midi, je souhaite vous voir », même au risque d'essuyer un refus, plutôt que : « Passez-vous dans mon quartier cet après-midi ? » Je n'y passais pas, j'en étais à cent lieues, c'était la grève des métros, mais j'ai pris trois autobus et je suis venue.

Il peuplait notre intimité d'orateurs latins, de personnages de France, d'une couturière qui travaillait pour sa famille, d'un paysan venu faire requête en tournant son béret entre ses doigts, d'une boulangère dont il avait été amoureux et d'animaux de toutes sortes dont, avec des rires dans la gorge et des attendrissements profonds, il posait le masque sur le visage d'amis qui lui semblaient avoir un comportement semblable. Des mammifères aquatiques aux chiens à poils longs, des insectes obstinés aux palmipèdes à rictus, tous m'avaient été présentés avant que je les connusse, épinglés par sa bouche entre leurs points cardinaux et leurs dimensions vitales : l'âge et l'origine des grands-parents, la ville de naissance, les parents, les revenus, les relations des parents, les métiers, caractères, habitudes et bizarreries de chacun, la rue, le numéro de l'immeuble, la femme ou le mari, les maîtresses ou les amants anciens, présumés ou futurs car en même temps, s'il le pouvait, il envisageait pour eux les dénouements probables et voyait toujours là où se balançait une épée de Damoclès.

Il ressuscitait tous les jours sa mère et sa grand-mère, me les donnait à aimer comme deux saintes, oui mais quelquefois — et sa voix s'assourdissait — il en poussait une contre un coin du buffet. De cette origine divergeaient maintes figures de femmes, procédant parfois les unes des autres, qui avaient fait son enseignement, celle qui lui avait appris à marcher sans glisser sur le verglas, celle à écouter des airs d'opéra et celle à aimer manger.

Pourquoi en vouloir à son historique quand c'était de tout ce qu'il avait, au long de ces années, mis dans sa hotte qu'il me gâtait aujourd'hui ? Mais en l'écoutant, je m'évanouissais dans sa propre vie, je n'avais plus ni passé, ni mère, ni grand-mère, ni amis, ni expériences à moi. Et si je ne m'étais, des jours durant, nourrie que de chocolat Suchard, je ne me serais pas sentie autrement : brouillée, sans appréciation, dans l'ombre, affublée d'un sentiment d'infériorité, — moi, si fière de ce que je pouvais vivre et si prétentieuse de ce que je voulais être, qui faisais dire à mes amoureux d'autrefois : « Tu seras une grande dame », — affligée donc d'un doute et d'un respect qui m'interdisaient à la fois toute carrure, toute coquetterie amuseuse pour que la balance fût égale, et toute prétendance à lui.

Or, l'actualité voulait que l'on panache ainsi. Car rien n'avait été dit et je n'aurais rien dit.

Je souffrais de ne pas savoir ses valeurs, qui il était en dehors de moi, quel chemin il suivait et qu'il faille nous retrouver chaque fois avec la même imprévoyance que s'il n'y avait eu au calendrier que des jours de fête ; de devoir maquiller mon expression et lui assurer que tout allait bien pour ne pas le mobiliser, et qu'un lyrisme secret, à propos du ciel d'hiver, de la lecture un matin d'une poésie d'Edna Saint-Vincent Millay dans mes draps bleus ou de l'odeur d'une viande à l'heure de la faim, me rende heureuse jusqu'à être malheureuse de ne le pouvoir pas aussitôt partager avec lui. Mais je concevais, à la réflexion, que cette irruption de sentiments typiquement féminins dans sa journée parallèle et lointaine aurait été comme d'une cantatrice ridicule et infatuée la suprême stridence qui la met au comble de son art, persuadée que cette capacité de sa personne aura fait décoller l'assistance au ciel de l'Opéra.

Il devenait une bête mythique qui s'accrochait à ma respiration, mais dont il m'incitait à me défendre avec la panique d'un chat enfoncé jusqu'aux yeux sous un bonnet de laine.

S'agissait-il vraiment d'arriver à coucher au sol son énorme tête et d'y poser un talon vainqueur ? Et en aurais-je été alors plus cohérente ?

Toujours est-il que chaque matin, en m'éveillant, je me souvenais qu'il était aussi au monde, dans la même ville, et que nous nous étions rencontrés. Car il me faut le reconnaître, quand je dormais, je l'oubliais.

Encore maintenant, je hais cette habitude qu'on m'a donnée, d'être fatiguée au moment où il faut dormir.

6

A la mi-mars, je pris conscience qu'à travers la multiplication de nos rendez-vous, il s'était tu peu à peu. Cette parole vivante qui m'entourait comme l'anneau de Saturne avait pris des retards sidéraux.

Il m'avait habituée à ses chroniques journalières car il n'avait vraiment vécu une heure qu'après l'avoir convertie et rendue en mots, et tout était matière à belle histoire, d'un rectangle de lumière en haut de ses rideaux qui l'avait empêché de dormir, à sa quincaillerie habituelle qui du jour au lendemain avait changé de vendeuse et où il se sentait maintenant accueilli comme un simple passant.

Mais j'avais remarqué que, pareil à l'écrivain qui ne peut écrire sans un certain rituel d'objets, d'éclairage ou de sensations privées dont il a l'habitude et qui le provoque, il ne pouvait parler que dans certaines conditions, fragiles, favorables et dont il n'était pas maître. C'est pourquoi, s'il avait promis dans la journée au téléphone une narration et que le soir je paraissais l'avoir oublié, ce n'était pas que je manquais d'intérêt, mais j'attendais qu'il fût bien pour la commencer, comme je savais qu'il s'attendait lui-même. J'oubliais donc aussi peu ce qu'il taisait, que le retard qu'il prenait à le dire.

Cependant, il différa de plus en plus les paroles promises qui, à force d'être évoquées sans être dites — « J'ai pensé, vu de belles choses », commençait-il seulement et je me disais avec rage et colère : « Elles sont là, toutes formées, il les sait et il les range » — prenaient entre nous une solidité anormale et mortelle, au point qu'on aurait cru, à le voir repousser leur échéance avec cette frayeur et cette ténacité, qu'il s'agissait d'espèces de serments et je ne doute pas aujourd'hui que c'était la gravité avec laquelle j'attendais le moindre mot qui nous avait transformés en deux êtres victimes l'un de l'autre.

Il ne me venait avec lui que des exigences de ce genre car il me semblait que j'aurais pris des droits qu'il ne m'avait point encore accordés. Le droit par exemple de lui faire du bien selon ce que je croyais et sentais. Je me persuadais qu'il voulait pour l'instant en rester prudemment au mal que je pouvais introduire dans son cœur, trouvant que c'était déjà bien assez de ma part, et au moins s'en occuper personnellement.

Car je le sentais fragile de sa vie passée, et il s'interrogeait plus, lui, son état, ses affections et sa disponibilité, qu'il ne m'interrogeait.

S'il n'y avait pas eu d'arbres dans ses champs, il lui eût été, certes, plus facile de voir clairement ce que je lui valais, de quel ombrage j'étais capable et de là, en tirer raison ou déraison pour ses alentours.

Il m'avait tant fait comprendre l'importance de ce qui était déjà planté dans ses champs, que je pensais moi-même n'avoir pas de conseils à lui donner sur les arbres qu'il fallait couper et cela le laissait seul, dans son monde, avec ses possessions, à prendre les décisions.

Je m'embourbais à attendre que tout vienne de lui, dans cette ouate, ce clair-obscur, cette arrière-saison, cette fumée clandestine, cette doucerie, ce demi-pays, ce halo douteux où il faisait baigner mes sentiments et me tenait en réserve, comme si, après tout, il était plus compétent que moi à décider de nous, ou de ce qui m'était bon.

Mais lorsque je lui demandais d'après la carte,

au restaurant, si les fonds d'artichauts, à son avis, étaient à prendre ou à laisser, cela ne manquait pas, lui qui n'en savait pas plus, de le désarçonner.

Alors il me semblait parfois que c'eût été à moi d'entrer chez lui, si je le voulais vraiment, sans attendre son invitation qui n'attendait peut-être que mon intrusion, selon les mystères de ces forces contraires.

Je me rappelais la chanson de la servante du curé qui répond au garçon du village quémandant un baiser sur le pas de la porte : « Eh, gros nigaud, qu't'es bêêête ! Ça s'prend sans s'demander ! »

J'avais le comportement de ce nigaud de littérature. Je demandais encore. Je n'osais pas l'entreprendre selon mes goûts qui lui auraient bien été... Car sa nature et la très forte éducation reçue s'étaient si intelligemment mêlées qu'il eût supporté apparemment de distendre encore sa trame aux formes d'un second gouvernement.

Quelle décision attendais-je au juste de lui et, s'il en prenait une, avais-je suffisamment démissionné de moi-même pour permettre que ce fût aussi la mienne ?

Et tout cela devait-il aller comme de ne pas me demander pourquoi un soir, avant de rentrer, il m'embrassa et pourquoi nous recommençâmes les jours suivants ?

Je restais là, au pas de ma porte, laissée par lui à peine, grossie d'une fierté solitaire dans la nuit qui allait s'effacer devant d'autres jours et d'autres nuits qui charrieraient avec eux la vie publique et la vie privée et la vie animale et le mystère et l'imprévisible de tous ces courants mélangés, et la neige sur Paris et les appels du téléphone, le café à la fin des repas et le mois de Pâques, et les quiproquos et les coups du sort, le pain frais et mon futur visage de femme, et les disputes que nous aurions, admirables, égales à notre passion, où il reviendrait sur ses mots, petitement, tandis que je m'en irais, grandiloquente.

Cet embrassement se déroulait dans un seul et même mouvement qui se perpétuait.

Si le souvenir de chacun des baisers que j'avais reçus auparavant, entre sept et vingt ans de la part d'étrangers, avait été représenté par une petite perle dure rattachée aux autres en une manière de chapelet, je n'aurais pas, dans mes mains, reconnu de bonne grâce l'instrument de ma religion et, répétant en comprenant de moins en moins les mots qu'on murmure sur chaque grain, j'aurais su que la prière que je pratiquais depuis si longtemps par l'addition toujours d'autres grains à mon chapelet, Dieu l'avait jugée périmée, et décidé que je devais maintenant prier plus haut et plus gravement.

Les ouvriers dans le monde continuaient de bâtir, et les enfants de dormir, et mes parents de m'attendre, et Dieu de m'épier. J'étais devenue telle la première femme du monde, ayant oublié toutes celles qui depuis des millénaires m'avaient précédée, toutes leurs erreurs, leurs malheurs, leurs cris, leur expérience, les reines et les impératrices, les filles des kiosques et les femmes actuelles, car j'avais touché ma part et il relevait de moi désormais que je fisse le monde à ma mesure.

Cependant, je ne fus plus aussi à l'aise devant les vieilles dames, la police, la concierge, la mercière. Je m'étais toujours flattée de pouvoir regarder bien droit dans leurs yeux où se reflétait l'assurance que j'étais une jeune fille honnête, qui me faisait bénéficier d'une rare amabilité. Je venais, me semblait-il, d'une manière à considérer pour la première fois, de leur désobéir, de les tromper tous avec l'homme, le masculin, qui toute mon enfance avait fait murmurer, fait l'objet de sanctions, avait égaré des femmes bien, ou auprès de qui s'était commise telle ancienne amie de ma mère, qui depuis ne ressemblait plus à rien.

Mais je rencontrai au bord d'un trottoir trois internes de la pension de jeunes filles attendant le feu rouge, qui n'avaient pour elles, comme un capital autour de leur cou blanc, qu'une grosse natte de cheveux serrée, lourde, longue, interdite et qui, par l'éducation justement qu'elles étaient en train de recevoir, visible sur leur visage retiré, promettait d'être aussi inutile et douloureuse par la suite que la dot d'Eugénie Grandet, à moins que l'une ou l'autre n'ait l'intuition, un jour, de la couper ou de l'ouvrir pour y laisser jouer le vent du dehors.

Dans la boucherie, un très bel homme caressait un grand chien heureux, les deux pattes tremblantes tendues dans la sciure.

— Son regard qui surveille tous mes gestes m'émeut jusqu'aux larmes, dit-il. Il craint toujours que je m'en aille sans lui.

— Et c'est curieux comme, chez la femme, le même regard nous énerve, hein ? grasseya le boucher.

Bien que je ressentisse l'insulte pour toutes les femmes vivantes, je souris devant eux, comme par élégance il fallait le faire, à ce propos si trivial et masculin que j'avais surpris comme un secret, comme si, telle que j'étais, il ne m'était pas réservé de regarder, un matin, un homme comme ce chien regardait son maître.

J'en voyais dans la rue qui avaient ce privilège de marcher à côté de l'être auquel elles pensaient, et de lui toucher la main dans la foule. Celles-là ne connaissaient pas leur bonheur.

Je ne dis pas que je ne rêvais pas de quelqu'un qui eût surveillé ma fenêtre, arpenté ma rue, créé des hasards et des coïncidences, attendu au téléphone, déjoué concierges, amis, heures et parents, et que j'eusse aimé.

Vivant cela autrefois, je n'y avais trouvé rien que de naturel parce que je n'aimais pas.

Je ne le disais pas, mais si l'on m'avait priée de reconnaître que je le regrettais, je l'aurais fait.

Notre rythme de rencontre, tous les trois jours, devint trop lent pour moi. Soudain, je comprenais Gilles, je comprenais Alain, je comprenais François, je comprenais Edouard et ce que je leur avais fait vivre. J'étais les quatre à la fois. J'essayais de me tenir le mieux possible. Ne lui montrer de moi que ce qui allait de soi, ne pas lui demander plus qu'il ne donnait. Et pour cela, faire, dire et donner, de toutes mes forces, moins que ce que j'aurais voulu c'est-à-dire autant seulement qu'il demandait.

De fait, il ne se plaignait de rien et vivait doucement. Je m'interdisais de prendre mes jupes à pleines mains pour courir au-devant de lui, de déposer des offrandes sur son paillasson et de surgir dans son champ de vision à l'improviste car je n'étais pas si sûre de ne pas rencontrer ses sourcils plutôt que son sourire, et que, inquiet et par contre-attaque, en souvenir de celle qui, après les airs d'opéra, avait voulu l'ouvrir au jazz puis à la flûte, de celle qui, après une nuit, avait voulu le présenter à ses parents, et en souvenir de Luze peut-être aussi, il n'eût pas battu en retraite d'une manière plus active.

Tenter de prendre un peu de temps pour comprendre chaque instant de l'existence ou pour en discerner la poésie est aussi dangereux que de vouloir résister à la force d'un tourbillon et il ne me restait plus qu'à me mettre dans le sens du courant, ainsi qu'on apprend à le faire en vacances, dans les baignades dangereuses et les cours d'eau vigoureux, pour ne pas se noyer. On retrouve toute sa tête plus loin, paraît-il.

Je rêvais de lui écrire une petite lettre où j'aurais dit simplement tous les bonheurs qui m'étaient envoyés par lui dans la vie, que je recevais parce qu'il respirait quelque part, un nuage qui glisse, une dame qui me sourit, une pâtisserie qui me fait envie, et le bonheur même que je tirais directement de lui, de sa présence et de son absence, alternativement.

Mais je ne l'écrivais pas, car c'eût été le tromper à la façon dont les femmes trompent les hommes ; j'étais plus bouleversée qu'heureuse et plus inquiète que femme. Et plus spontanément, c'était un cri qui me venait : « Il m'a ouvert un monde, sans me le donner ! Il m'a réveillée et me laisse dans l'obscurité ! Il est arrivé comme l'Ange de l'Annonciation et il a replié ses ailes sans un mot ! »

Au-delà de lui, je sentais la fuite du temps, des choses, de moi-même : je n'existais plus seule et j'étais pourtant seule. Et moi qui avais tant de goût à cacher l'éclat de mon bonheur de vivre, comme un bijou importable sans insolence, je n'avais plus rien à cacher, et pour comble j'avais l'envie de faire état auprès de lui de ma soudaine pauvreté. Je n'avais plus que le devoir de me maintenir à cette frontière entre l'indifférence et la passion, qu'aucune amoureuse n'a jamais observée sous peine, à force de maîtrise, de se faire de moins en moins amoureuse ou, pour s'être livrée à sa passion, de ruiner sa décence et perdre et l'unité de son être et l'être pour qui elle se perd.

Je ne comprenais pas pourquoi je plaisais à d'autres que lui, me sentais salie en rentrant dans le secret de chez moi d'avoir frôlé ces équivoques du soir, entendu ces faiseurs de cour et toutes ces invites étaient comme autant d'offenses de sa part.

Et de quoi me défendais-je auprès d'eux, me disais-je une fois seule, m'avait-il répondu en quoi que ce fût ?

Comme à quelqu'un qui est fragile, que la proximité de la maladie fait fuir, il ne fallait pas lui parler des mauvaises tristesses mais laisser le soleil se coucher et s'endormir avec elles pudiquement.

Une nuit, cependant, je crachai cette lettre, ou l'envers de la médaille que je méditais le jour :

> Sans que vous en ayez été ébouriffé d'un cheveu, Monsieur, n'en sachant pas le quart, nous sommes vous et moi passés déjà par trois ruptures, deux réconciliations, une ère d'absurde, une tentative de révolution, quelques émeutes, des plans de

bataille, autant de défaites, et des fanfaronnades dites de rattrapage, et nous durons.
Tout cela vous est passé au-dessus de la tête mieux qu'à un gardien de la Paix la cigogne qui apporte un enfant à sa femme. Vous estimez que tout va bien puisque rien ne va mal. Surtout qu'on n'invoque jamais l'âme. Et si la Foi, à cinq heures d'un après-midi comme à Paul Claudel derrière un pilier, me tombait dedans le cœur, il ne serait convenable de vous en avertir que sur le même ton où vous m'apprenez que l'acteur Terence Stamp a pris le thé chez votre amie Nicole ; et vous me diriez alors : "Mais, vous avez le vent en poupe ! Vous pouvez marcher maintenant !"
Dites, dites, est-ce bien ainsi que vous entendez être, m'apparaître, et n'avez-vous rien à corriger ?

Et quand il la reçut, stimulée par l'horrible poésie des difficultés, j'avais disparu de Paris, par l'intermédiaire des vacances de Pâques.

7

Dans le train, un représentant de commerce tenta de me faire croire que j'étais assise à sa place. Alors les cinq personnes de l'environnement qui jugeaient que j'avais clos heureusement la cellule s'élevèrent contre lui et l'on tira la portière.

La forte blonde, côté fenêtre, raconta à son amie comment son mari l'avait abandonnée au mois de mai dernier...

— Le mois le plus dur, opinait l'autre,

...et était revenu, il y avait seulement quinze jours, que faire, sinon accepter ?

— L'homme, voilà l'ennemi ! s'écria cette amie, tandis que les deux messieurs occupant les places contiguës, tous deux bagués, s'enfonçaient dans leurs coussins.

Au grill-express, deux jeunes gens blond cendré se gonflaient lentement les joues de bananes en se regardant dans les yeux ; des jeunes femmes exhortaient en pleine SNCF leurs enfants à avaler ; un ingénieur agronome, à ma table, marmonnait :

— C'est curieux, très curieux, comme vous donnez envie de faire des confidences.

Soudain il arracha de sa poche intérieure la photo du bâtiment qu'il venait de vendre en y laissant son cœur et nous prit, pour deux, un petit verre d'Armagnac.

Quand je me levai en m'excusant, il porta ma main dans sa moustache brûlée par des Craven :

— Je ne suis pas gai, dit-il.

Un chef de gare prit ma valise qu'il porta au quai de correspondance et me confia en échange son petit porte-documents, m'offrit encore un jus de cassis et me mit dans la micheline en jurant qu'il passerait son lundi de Pâques à me rechercher dans la campagne, et que je le verrais arriver par la route...

Madame Adolphe m'attendait à la gare, s'essuyant encore les mains contre sa blouse de nylon rose-rouge coupée aux emmanchures, tapissée de duvet de poules.

Le tournant de la route qui me révéla la maison offrit en même temps dans le pare-brise une vision de vieille dame galopant sur le bras de sable qui menait au perron, toute hérissée par le vent de mousselines noires, de rubans, de pattes de renard molles qui lui battaient l'échine, une main à son chapeau et l'autre à sa ceinture, où elle tenait rassemblés, en un bouillonné sinistre, tous ses dessous.

— Elle a perdu la raison, me dit madame Adolphe en manœuvrant pour entrer au garage. Sa fille me l'a donnée pour dix jours, il y a de cela un mois. Elle a eu quatre-vingt-cinq ans mercredi, et elle pleure du matin au soir. Ce matin, elle est allée me faire ses besoins sur la route... ce n'est pas dans une maison comme la mienne qu'il fallait la mettre !

Une petite fille vint me prendre à la porte de ma chambre pour m'ouvrir en chuchotant celle de sa grand-mère, la plus belle de la maison, condamnée en son absence ; et dans ses petites mains tremblantes, une demi-seconde, elle fit luire pour moi, derrière les volets de bois, sa vierge phosphorescente.

— J'en ai une aussi sur ma table de nuit, murmura-t-elle. Mais la mienne a de l'eau dedans.

Le ciel de lit était parsemé de mèches de cheveux en médaillons, dont le verre grossissait la légende à l'encre rouillée : « Lazare, 18 mois, 1874 », « Hélène 1901-1932 ».

L'air enfermé sentait le sucre de violette.

Les sols de la maison en dalles de pierre et tomettes en losanges étaient couramment interrompus dans leur surface par trois petites marches par-ci, trois petites marches par-là, qui montaient vers une chambre, qui descendaient dans un salon imprévu. Il y avait du tapis parfois et dans les étages des patins multicolores. Une grosse dame chargée de bagues, qui avançait un pied à l'Orient et l'autre au Ponant, qui par ailleurs n'avait pas bon œil et s'était souvent blessée les jambes à ces découpes du terrain quand, promenant sa vieillesse entre les vestibules, elle ne s'y attendait pas, s'était déplacée pour m'en faire la remarque d'une langue large et embarrassée mais sévèrement dominée. Son séjour prenait fin le lendemain.

Avant le dîner, nous marchâmes, la petite Edith et moi, le long de la Durance, très profonde derrière le potager ; j'entendais la troupe des canards, un tracteur en retard dans les champs et, très éveillée et peu défiante, Edith qui me dévoilait tous les secrets de sa Mémé et du roulement de la pension.

— Nous avons eu une vieille comtesse pendant dix-huit mois, disait-elle. Ma grand-mère a dormi avec moi pour lui laisser sa chambre. Une fois, j'ai ouvert la porte et elle était en train de coudre avec un cheveu !

Elle me fit les honneurs de la campagne, me montra la ferme, un cochon qui n'avait plus rien d'une fable, plusieurs arbres, l'âne éternel, et me rappela les saisons en faisant, au passage, le deuil de tel fruit et l'annonce des naissances prochaines ; puis m'apporta, au moment où la cloche de la façade appelait à table, son cahier de devoirs de vacances : « Le petit Jérôme est bien ennuyé, disait-on. Il a fait trois taches d'encre sur certains chiffres de sa multiplication. Reconstituez l'opération. »

Occupaient les autres chambres de cette maison une dame, venue toucher du pied la campagne, avec sa tunique panthère, son collier de perles, ses cheveux de deuxième jeunesse et son chat enfermé dans son cabinet de toilette pour le préserver des bêtes courantes ; une autre, blanche et fatiguée, qui portait des vestes de laine d'intérieur, qui marchait le matin, dormait l'après-midi et lisait le soir ; un couple où l'homme luttait tout le jour pour ne pas laisser tomber son menton sur sa poitrine et dont la femme, en posant doucement sa main sur la sienne, répétait : « Veux-tu que nous montions ? » Mais déjà il n'entendait plus ; enfin, la vieille dame déraisonnable et Dolorès, la jeune aide de madame Adolphe.

Puis la grand-mère revint de Loire-Atlantique et madame Adolphe lui dit :

— Viens, maman, qu'on fasse les comptes, j'ai mis Edith à la vaisselle.

Je me pliais peu à peu au rythme de ces trois femmes engendrées l'une de l'autre, bourrues et consciencieuses, sombres, jalouses et bonnes, qui démoulaient de gros plats odorants toute la journée, et servaient, sans mot dire, des crêpes à la volaille et des clafoutis de pruneaux.

Le soir, Edith se relevait plusieurs fois dans sa petite chemise de nuit blanche pour échafauder un éclairage qui délivrerait ses neuf ans de l'obscurité.

Le matin, on les entendait toutes ensemble battre des tapis sur la terrasse ; le thé, le lait et l'eau bouillie étaient jusqu'à neuf heures au chaud sous un tricot fleuri sur chaque petite table individuelle. On rencontrait dans le couloir les personnes de la veille, qui « n'avaient pas encore déjeuné » ou qui « y allaient » — et les voix résonnaient, graves, matinales, simples —, et l'on se demandait des choses aussi belles que

« Avez-vous bien dormi ? » ou « Irez-vous au village cet après-midi ? »

Je jouais à la jeune femme, seule et mystérieuse, qui va lire dans un rayon de soleil, prend la bicyclette et traverse les bourgs avant le soir, polie juste ce qu'il faut aux heures de rencontre, et s'enferme dans sa chambre, parce que j'avais vu de cette sorte de jeune femme autrefois, en vacances avec mes parents, et rêvé qu'elles nourrissaient leur solitude d'un amour lointain. Et quand, sous le grand parapluie noir de la grand-mère, plus fort que moi, Edith frileuse, jacassante et coquette contre mes hanches, je faisais, dans l'allée de sable, résonner et s'éloigner aux oreilles de tous les pensionnaires réunis au chaud dans le salon du bas un rire en cascade de jeune femme excitée par l'enfant et les gouttes de pluie qui la touchent, je le faisais aussi en imaginant qu'il me voyait dans cet apparat.

Mais le soleil d'avril était déjà fort. Dolorès, ces jours-là, chantait l'Espagne au-dessus de son balai ou dans l'évier bouillonnant. Puis à trois heures, elle s'essuyait les mains — c'était l'heure de prendre ses heures — venait placer son tabouret dans la prairie tout contre la chaise longue où madame Adolphe, grosse et calme, le tablier dégrafé et les manches relevées, rendait grâces au beau temps, et les mains croisées sur sa blouse de nylon gonflante dans une attitude empruntée, elle dévisageait madame qui, sous le soleil, devenait ocre comme un paysan de son pays.

Quand elle avait rencontré plusieurs fois ses yeux foudroyants, elle sortait enfin de sa poche un livre mou, à la couverture scandaleuse, qu'elle lisait les mains dans la bouche et le corps affaissé.

Madame Adolphe, en veine d'amabilité après la réussite d'une tarte au fromage, m'avait dit :

— Ma fille vous aime beaucoup.

Oui, et aussitôt après sa sieste, Edith exprimait cet amour par des graviers qui arrivaient sur ma table de travail, les étincelles d'un miroir au soleil dans mon œil, ou d'infinis roucoulements qui distordaient patiemment mon prénom, jusqu'à ce que j'apparaisse au balcon.

Elle m'entraînait au village voir les trois frères sourds-muets qui, à partir de cinq heures, buvaient au petit bar du carrefour. A la même heure, ouvriers et agriculteurs sortaient des granges et des chemins et y venaient aussi prendre un verre de vin. L'un d'eux signifiait à l'aîné des sourds-muets qu'il voudrait bien toucher sa fille de quinze ans. Ce père lui répondait de se couper d'abord la barbe. L'agriculteur rétorquait qu'une nuit, il irait frapper au carreau de la jeune fille et la prendrait... et les gestes, joyeux, rapides, précis, enflammés, dessinaient dans la fumée de la salle, la fille, sa poitrine naissante, ses longs cheveux, le volet, la fuite et le sommeil du père trompé.

Alors, les mains du sourd-muet cadet, qui n'avait pas de fille et pas de femme, se levaient à leur tour pour dire que lui, il buvait, il mangeait, il dormait et que la terre, après cela, pouvait bien tourner...

Tous les soirs, à l'heure où nous dînions, un coq borgne rejeté par son peuple et deux bébés dindons se lançaient contre les vitres de la porte-fenêtre pour que madame Adolphe les emmène sous son bras dans leur chambre particulière, où ils s'endormaient seulement à l'abri de la multitude.

Un soir, le visage de la vieille dame folle se mit à cogner la vitre en mesure avec les volatiles. Madame Adolphe posa le plat de salsifis et chacun suspendit sa fourchette, tandis qu'elle se dirigeait vers la porte avec cette célérité impulsive des mères qui ont pris la décision, cette fois, de mettre fin aux caprices.

Mais elle entrouvrit seulement la porte d'un filet d'air, où la vieille aussitôt introduisit son museau, les deux yeux en arrière, et madame Adolphe se pencha vers elle.

— Qu'est-ce que vous voulez ? lui cria-t-elle, durement. Restez là ! Restez dehors ! Je m'occuperai de vous tout à l'heure ! Allez ! Allez vous promener ! Ah ! ne pleurez pas, je vous en prie !

Mais ce papillon de nuit poussait le carreau de ses deux petites mains et quand madame Adolphe se tut, nous perçûmes un gémissement aigu, humide et monocorde :

— Je veux aller demain chez le percepteur... vous êtes ma fille, vous serez mon héritière...

— Allez lui porter son plateau, si vous voulez, me dit le lendemain madame Adolphe. Moi, je ne veux plus la voir.

Quand j'entrai, la vieille dame avait mis son chapeau sur sa tête et elle chuchotait sans bouger devant son armoire à glace que la dame, là-bas, lui avait volé la moitié de son chapeau et tout son argent.

La dame au chat et celle qui faisait une cure de repos recevaient parfois des coups de téléphone ; l'une était appelée vers neuf heures le matin, l'autre à l'heure du dîner, la première courait en mettant sa robe de chambre dans l'escalier, la seconde quittait la table en s'essuyant vivement la bouche. Un dimanche même, vers midi, l'une avait passé le seuil de la propriété au bras de son interlocuteur et Edith en avait profité pour aller voir le chat dans sa prison...

Cependant, le retour de la mère de madame Adolphe avait introduit dans la maison un mauvais souffle. Elle avait la voix impatiente, les pieds bruyants, l'œil policier et plus de tendresse pour les objets inanimés que pour ses hôtes qu'elle aurait volontiers mis dans le jardin toute la journée, comme elle y condamnait la vieille dame, pour ne pas se trouver interdite de séjour devant certaines portes de sa propre demeure, et rouge de rage si la clef avait été tournée de l'intérieur. Plus d'une fois, je fus aperçue nue à ma toilette ou en larmes dans une prière quand cette propriétaire, à la recherche soit de chaussettes pour Edith, soit d'un torchon propre, dont nos armoires à tous étaient restées pleines, fonçait dans la chambre sans frapper en criant :

— Continuez, je ne vois rien ! Je ne vous regarde pas ! J'en ai vu d'autres, vous savez !

Je reçus, un matin, pour le petit déjeuner, une tasse d'un service plus petit que de coutume, de capacité insuffisante.

Comme j'en faisais l'observation :

— Ce n'est pas vrai, me dit la grand-mère d'une voix de mitraillette, elle est peut-être un peu plus haute, un peu moins ronde, mais elle contient autant !

Le lendemain, on m'avait rendu la bonne tasse.

— Vous voyez, me dit-elle dans un coup de vent, je vous ai mis la tasse que vous aimez, vous êtes contente, comme ça !

Dans la tasse, le niveau du café au lait était proportionnel à la contenance de l'autre...

Dolorès aussi commençait à taper du sabot. Le lundi de Pâques, elle dit :

— Christ est ressuscité. Alors demain vous ne me verrez pas.

— Mais c'est fini, demain, les congés ! s'écria madame Mère, ça y est, il est sur terre maintenant votre Christ ! Quand il montera, je vous redonnerai un jour, c'est promis.

Mais Dolorès fit la sourde oreille et elle reçut, comme elle l'escomptait, ses huit jours, aux soirs desquels on la voyait courir jusqu'à la lisière de la forêt, où une sorte de fiancé la félicitait du loisir dont elle privait chaque jour plus consciencieusement ces dames.

Madame Adolphe me découvrit toute perdue et humiliée sur la terrasse.

— Je trouve votre mère très dure, dis-je lentement et sans espoir. Elle lance couteaux et fourchettes à la figure, elle ne répond pas quand on lui parle, elle épie, elle...

— Non, non, m'interrompit madame Adolphe, elle vous a l'air, comme ça, dans le travail, mais c'est qu'elle a énormément de pudeur dans ses sentiments...

Néanmoins, la nuit je rêvais.

Persécutée une fois de plus au cours du dîner, je me dressais, je la prenais entre le pouce et l'index à l'intersection de sa broche ancienne et de son col claudine, et la tenant à quelques centimètres du sol, tout près de mon visage fixe, j'articulais :

— Je m'appelle mademoiselle, je paie mon séjour comptant, j'aime l'harmonie, je respecte votre volaille, je ne joue pas de violon la nuit, je fais rire la pauvre Edith qui est toute maigre : on me doit la politesse. Répétez je vous prie.

Et, livide, respectueuse, elle disait :

— Vous vous appelez mademoiselle, vous

payez votre séjour comptant, vous aimez l'harmonie, vous respectez notre volaille, vous ne jouez pas de violon la nuit, vous faites rire la pauvre Edith qui est toute maigre : on vous doit la politesse.

Alors, pareille à l'homme de l'Ouest quand il se débarrasse d'un mégot, je la jetais un peu plus loin sur ses semelles de mousse.

Et je me réveillais le cœur battant.

La pluie martelait les dalles de la terrasse. Toute la maison s'était repliée sur elle-même. Madame Adolphe avait rentré la vieille dame et ses animaux préférés. Edith rêvait de tracasser, les pensionnaires regardaient luire et redoubler la pluie, se regardaient les uns les autres, et le déjeuner avait du retard.

La sonnerie du téléphone fit lever en même temps les deux têtes des dames solitaires.

— Allô ? fit madame Adolphe.

Et brusquement :

— Un monsieur pour vous, dit-elle : elle était tournée vers moi.

Il m'avait retrouvée, il savait les routes, il savait le lieu, il savait tout, il prenait sa voiture et il venait !

8

Une semaine durant, je m'étais crue de plus en plus heureuse, libre, savante quand, regardant l'Etoile du berger par ma fenêtre, percevant le caquètement d'une poule réveillée, le soupir fin d'Edith derrière le mur, je m'enorgueillissais de la façon dont je savais prendre la vie, d'avoir retrouvé ma générosité d'enfant pour tout ce qui était éphémère, lent, futile, et ma simplicité de cœur et d'esprit.

Mais quand ses pas résonnèrent à mes côtés sur les trottoirs de France, quand sa voix de nouveau me raconta la vie, quand, à son habitude, il s'adressa à ma mémoire culturelle comme à la partie d'une culture universelle et que, un nom propre lui désobéissant, il ordonnait impatiemment : « Mais rappelez-moi, voyons... », alors, comme on voit s'ouvrir les grands bras de l'horizon lorsqu'une machine vous emporte en arrière, le monde s'enfuit sous moi à l'infini et j'en perdis le rythme : je renversais mon verre à table, mon briquet ne donnait que des étincelles, j'avalais sans mâcher et, dans ma conversation effrayée, je mettais Budapest en Iran et le Sud devant moi.

Néanmoins, au cours des petites routes se faufilant vers Paris, une grande paix m'avait envahie devant l'organisation entre les hommes et les distances, la naïve répétition des bourgs, avec la mairie, l'école, la petite gare, la paroisse et la boulangerie, les flèches et les indications qui, si on les avait suivies toujours, nous auraient emmenés jusqu'au bout du monde...

« Là-bas, là-bas » indiquaient les paysans en nous décrivant de la main, impuissante comme un oiseau dans les airs attaché par une patte, l'espace qu'il y avait dans leur tête tandis que mûrissaient dans les champs derrière eux les pois nains très hâtifs d'Annonay et les arbres fruitiers.

Emue par un cantonnier qui réparait un petit trou de la surface du pays, par le facteur toujours à ciel ouvert et toujours anonyme; sensible à l'humilité des chauffeurs de camions sur les routes nationales qui, n'en étant pas moins hommes, ont admis comme entre plusieurs frères que leur destinée à eux était plus lente et d'une autre importance et qui, forts et beaux de cette sagesse pendant que d'autres rivalisent, ne cessaient de faire signe par un bon bras encourageant qu'on pouvait les dépasser ; touchée enfin par l'ordonnance, sous le ciel, des champs, des rivières, des ponts et des villages de précision presque enfantine... j'aurais baisé de reconnaissance imbécile chaque main par laquelle se poursuivaient la création et l'entretien du monde, soulagée de voir qu'au croisement de toutes les danses, chacun, en place, avait choisi un rôle et le remplissait, comme si à eux tous, étrangement, ils m'avaient délivrée d'une charge universelle.

Lui, il avait tout à fait retrouvé la vigueur de son discours. Ses gestes, sa voix étaient tout ensemble le curé suspendu aux cordes et la volée des cloches à la fois, son pied était léger et son œil offensif : il se portait bien d'être à mes côtés et s'appliquait à le faire sentir...

Mais être et être femme n'allaient pas, décidément pas, ensemble. Chacun de ces deux états s'envoyaient mutuellement mordre la poussière. Je ne repris pas corps à Paris, où le printemps était entré.

J'y découvris que, rassuré de m'avoir retirée de la campagne, il suffisait à son masculin bonheur de me savoir de nouveau chez moi, à portée de main, car notre manège ne tourna pas plus vite qu'avant, comme si, véritablement, il craignait que son personnage ne résistât pas à la connaissance quotidienne.

Repliée sur moi-même depuis trop de temps, un soir, j'acceptai de plein cœur une invitation à dîner étrangère : Charles m'emmena à Saint-Germain-des-Prés.

Là, je fus effrayée et bouleversée de l'assurance des gens, de leur audace vestimentaire, de leur insolence corporelle. Il semblait que le printemps était à eux, qu'ils étaient tous chez eux ; que toutes les femmes étaient aimées de tous les hommes ; que d'aucun ni l'estomac ni le foie n'avait jamais souffert de ce qu'ils leur envoyaient dans la tiédeur de ces nuits ; que personne n'avait jamais eu de problèmes d'argent ou de destin ; que toutes les filles avaient les cheveux d'Eve la Blanche et qu'aucune ne doutait du désir qu'elle inspirait ni de la personne qu'elle était ; qu'ils étaient à jour en tout ce qui concernait les affaires de la terre et du ciel, si bien qu'ils pouvaient user sans scrupules du superflu et du luxe d'en parler avec insouciance, par allusions étincelantes. Au centre d'une tablée, une jeune femme, qui levait le doigt au bout d'un bras blanc, cria en riant : « Moi ! moi ! » et je reconnus Luze.

Alors je m'appris une fois de plus que ma jeunesse à moi serait dans mon avenir, et que je n'avais qu'à être patiente et ouvrière pour pouvoir vivre et rire, un jour, comme eux dans des soirées pareilles qui, à n'en pas douter, étaient plus belles et plus riches que mes matins et mes après-midi tous ensemble.

Un instant j'ai pensé, pour n'être pas qu'une invitée dans leur ville, pour y avoir un rôle actif, pour me punir d'être aussi regardante, aussi peu à l'unisson et de célébrer si mal la vie où Dieu m'a mise pour que j'en profite et que je l'aime, au nom d'une seule personne pour laquelle je m'étais enfermée dans une auréole que j'étais seule depuis bientôt un an à défendre et à garder et qui me reprochait peut-être en secret de ne pas savoir mieux vivre en dehors d'elle, j'ai pensé accepter, comme autrefois, de me blottir après le dîner dans les bras de mon opposé.

... Puis le lui dire, l'ayant fait dans ce but — de même qu'il me disait à l'automne : « Je vous raconte tout cela pour que vous n'appreniez pas le mal en dehors de moi, et puis je ne veux pas que ce soit par innocence que vous soyez bien » (et j'aimais alors ces soucis de ma perfection qu'il avait et qu'il accomplissait comme des détails), de même afin qu'il fût au courant honnêtement jour après jour de ce que je vivais, de comment je changeais, des raisonnements que j'étais amenée à me tenir, qu'il ne fût pas pris au dépourvu un jour, brutalement, par le premier coup que j'aurai osé porter à notre relation si belle. J'y avais pensé. J'avais fait ce rêve. Puis j'ai su que sa réalisation n'aurait été ni une richesse ni un baume.

Comme plus rien ni personne ne me semblait vaillant, n'était capable de me distraire ou de me plaire, hormis lui, excepté lui que je ne parvenais pas à prévoir, insupportable à rêver, je commençai à calculer lentement qu'en le supprimant carrément, toutes choses peut-être remonteraient à la surface et à l'honneur, retrouveraient leur saveur, mathématiquement, quand... l'ombre de son visage descendit doucement sur le mien et comme les nuages courant au-dessus des plaines avança, s'agrandit, me couvrit tout entière d'obscurité, nous jouâmes à qui arriverait le premier en haut de la montagne, et quand je rouvris les yeux, j'avais les cheveux épars, les bras nus au-dessus des draps, comme au cinéma.

— C'est toi l'arme et moi la Bête, c'est moi l'enfant et toi la Terre, murmurait-il, et une unique larme au coin de son œil descendit me baptiser définitivement.

— Maintenant, je suis comme Luze, dis-je.

Ce matin-là, j'aurais bien demandé sept jours et sept nuits auprès de lui, car je savais que les oiseaux qu'on touche ne sont pas repris par leurs parents et que je venais ainsi d'entrer dans ma vraie solitude, mais je ne demandai pas mon reste; et filant tout droit devant moi, et marchant et courant à travers les rues, j'entendais le tumulte de la ville progressivement s'éclaircir et s'organiser en une partition, que seul un sourd de naissance, à l'instant où il recouvre l'usage de son ouïe, aurait été en mesure de recevoir... Toutes les vies, de tous les points de la ville, venaient composer un énorme chœur familial.

— Vous connaissez ma femme?

— Sortons les verres à pied!

— L'Angleterre est en crise.

— Je compte jusqu'à cent.

— Du rouge ou du blanc?

— J'ai pas fait exprès...

— Ça sonne!

— Ses yeux... sont beaux...
— Combien, ça ?
— Y a des lettres ?
— Des petits parents mesquins...

Parmi les gens qui criaient, chantaient, appelaient, se démenaient, riaient, avaient mal, avaient peur, ma perception franchissait les murs, montait les escaliers, poussait les portes, envahissait les lieux publics et les appartements.

— Maman est là ?
— Messieurs dames,
— Ta cousine a de la poitrine.
— C'était bien ?
— L'eau est bonne ?
— Henri !
— Passe, passe, passera...
— Je peux dire « merde » ?
— Revoyons-nous ?
— Y a pas de demi-bouteille !
— Ça brûle !
— Et toi ?
— Vos bottes craignent-elles la rosée ?
— Te balance pas.
— Il pleut encore...
— Tu rattaches mon lacet ?
— Il compte pour du beurre.
— Son mari a une garçonnière...

— Je ne te dis rien, ne me dis rien.
— Qu'est-ce que je vais mettre ?
Chaque phrase de la vie était nette, découpée, transparente comme les bris éclatés et disparates de l'étoile de cristal que les Chinois se cassent la tête à reconstruire.
— Le lait !
— Tu étais belle, il y a dix ans.
— Ma-man... ça y est...
— Où est mon Balzac ?
— Elle buvait sur le zinc.
— C'est le propriétaire !
— Tu m'aimes ?
— Jamais d'œuf.
— Elle marquait mal...
— Pourquoi tu pleures ?
— Que font ses parents ?
— J'ai dit oui.
— Et puis ça suffit et puis c'est tout.
— Voilà le monsieur du bout de la rue...
— Encore des pommes de terre !
— Le marchand de couleurs est mort.
J'aurais été capable, sachant que son esprit était présent, d'entrer et demeurer dans un espace où auraient été réunies toutes les vulgarités et toutes les bassesses humaines et, par ses yeux, j'aurais commencé à les respecter, à les

comprendre et à les aimer comme d'autres et mêmes natures. Dans son univers, le mérite n'avait plus cours, l'humanité était belle et ce qu'elle faisait de ses mains ne l'entachait pas, son capital était ailleurs, inaccessible.

Je m'appliquai, les matins suivants, à avoir vis-à-vis de moi-même cette indifférence du visage pour les choses qui vous sont dues, ne voulant plus avoir conscience de ma nouveauté mais me vivre seulement en dame définitive qui pourrait désormais être regardée par une jeune fille comme j'avais si longtemps, sans parvenir à comprendre, regardé moi-même une dame.

Mais une image de lui et l'oiseau du matin qui nous avait dit qu'il était quatre heures tili, tili, soudain gonflaient ma mémoire et me démasquaient.

J'aimais comme ses mains étaient courbées.

En même temps, une énorme gourmandise de la vie m'était née. On me le criait dans la rue : « Qu'elle est belle ! » D'autres, accouplés, mieux élevés, plus fins, disaient seulement entre eux : « Elle est belle... », mais je les entendais aussi, et je passais.

Je menaçais visiblement d'être une femme heureuse et, gagnée par la cupidité, je voulais mesurer ma richesse, j'en calculais d'avance la durée et la découvrais inépuisable quand je pensais : « C'est ma jeunesse que je promène, aujourd'hui, cette année, dans cet arrondissement, dont, au pire, moi aussi, moi aussi je pourrai dire plus tard à une oreille rêveuse, repassant par là dans quelques années : "J'allais par là, vers dix heures, à presque vingt et un ans, chez mon amant, à grands pas le long des marronniers..." car j'avais acquis une foi, dès le lendemain, qui me faisait accepter d'avance, d'un égal élan affectueux, cadeaux du sort et dégradations, coups de foudre et dérisions qui m'étaient promis dans le temps qui me restait à vivre depuis ce point de départ, aussi sûrement que la lumière particulière de ce printemps promettait elle-même de changer à travers le mouvement de la terre qui détermine les saisons. Et, dangereuse à force de poésie : "Attention, attention, avais-je envie de l'avertir, je suis heureuse en dehors de vous, je suis heureuse même quand vous n'êtes pas là, et ce n'est pas normal !" »

...Mais le premier coup qui me frappa me descendit de mes étriers : les trois jours de la Pentecôte venus, il partit seul pour Saumur, chez des amis. C'était m'enlever peu de chose après tout ce qu'il m'avait donné, mais il est nécessaire de mettre au jour, si l'on y tient, ce qu'on a senti et qui pourrait se fondre amèrement d'abord, puis indifféremment dans le cours mol et ordinaire du temps.

N'était-il pas permis à quelqu'un comme moi par exemple, de trouver à propos de ces vacances en Anjou, qu'il ne faisait plus rien pour me plaire, mais que j'étais tenue, néanmoins, de bénir tout ce qui pouvait ajouter en agrément à son existence ?

— Naturellement, eût-il dit, c'est le propre de l'amour.

— Soit, aurais-je répondu. Soyons donc heureux l'un pour l'autre de ce qui lui arrive, des occasions qu'il a, et quand il s'en va, souhaitons-lui bon vent de notre meilleur cœur.

Ainsi il n'y aura pas un pas à franchir d'ici à ce qu'ayant entendu cette fois, heureuse pour lui, le récit, joyeux et passionné comme je l'espérais, de son voyage en Anjou, je vienne, de la même manière une autre fois lui raconter comme c'était bien quand cet astronaute rasé de si près, dans sa combinaison de soie, m'a invitée à son Observatoire et qu'il m'a fait l'amour au jardin potager, juste au bord de la rivière, au milieu des citrouilles et des feuilles de menthe...

Et assurément, j'attendrai qu'il prenne cette

aventure pour ce qu'elle m'aura apporté en matière de vie et d'agrément, et que ce soit sans un pincement au cœur qu'il écoute mes récits, mes louanges à la nature, au ciel, à l'homme, où il lui sera demandé de partager sincèrement tout le bonheur d'avoir vécu que je montrerai.

Saurait-il ? Et étais-je inhumaine, ou trop jeune, ou en mauvaise santé, ou anormale, ou mauvaise chrétienne, moi, de ne pas bien savoir être aussi noble ?

Malgré tout, c'était de m'être vue interrogée de son ton le plus élégant et le plus généreux : « Et vous ? partez-vous ? » comme s'il avait été inconcevable que j'aie pu espérer être avec lui en ce long week-end de Pentecôte (— et j'aurais voulu alors pouvoir répondre : « Oui, en communauté — au bord de la mer Rouge — dans une robe de lamé et d'organdi — j'ai un grand avion à sept heures... ! » —) et de la fourberie de ses actes, qu'il préférait annoncer la veille d'une voix de directeur exaspéré qui doit, en outre, organiser son loisir, ou bien à la dernière minute, d'une autre voix bousculée et quasi télégraphique, que j'étais le plus irritée.

Tout cela était, je le savais, pour faire le moindre mal et ne pas donner à l'avance des sentiments inutiles.

Mais jamais autour de moi on n'avait agi ainsi. C'était contraire à l'intelligence, à l'honnêteté, et c'eût été mépriser et prendre la sensibilité d'autrui pour maladive et incapable d'admettre les faits et les gestes de l'entourage. Enfin, même lorsqu'on m'opéra à vif des amygdales, on me l'avait dit dès le moment où il en avait été question.

— Mais qui croyez-vous donc être, pour vous garder autant ? Que croyez-vous donc posséder, pour le garder si bien ?, avait-on envie de lui crier, tout en sachant, comme toujours dans les cris, qu'on est un peu malhonnête et qu'on néglige sciemment les nuances de la vérité.

Avait-il jugé que, n'importe où il se serait promené, c'eût été perdre du temps et ne pas vraiment prendre de vacances que d'être auprès d'une personne qu'il était toujours possible de voir dans la semaine ? La vie semble-t-elle toujours plus précieuse et plus importante quand ce sont les autres qui l'offrent, laissant croire parce qu'ils invitent, que ce sont eux qui la détiennent et qui la font ? Aurais-je dû trouver, comme une femme, quelque agréable lieu moi-même, quelque part, et si j'avais osé l'y convier, m'y aurait-il accompagnée ? Ou simplement, et c'eût été là certainement sa pauvre réponse, ne s'était-il déterminé qu'à la perspective d'une décision à prendre quant au choix de notre direction et de notre logement, et ne saisissait-il alors que les occasions faciles, me donnant à croire par ailleurs que je ne lui suscitais pas assez de goût et de provocation pour inventer par lui-même, pour nous deux, n'importe où son humeur en rêvait, une trinité de jours égale en charme à celle où il avait couru ?

Mais la nature et les régions de France lui étaient de plus vieilles maîtresses que moi, et il avait la raison d'aimer vivre et j'avais le tort de l'aimer.

...Comment lui expliquer que rien n'arrive dans ce qui a rendez-vous, et qu'à ne me voir que lorsqu'il l'avait décidé, il perdait de moi-même le spectacle de ma métamorphose, tous les petits états baroques et primesautiers des récentes amantes, les derniers souffles enfantins qui ne meurent qu'une fois ? Il m'était douloureux que tout cela ne fût pas recueilli, que tout ce qui s'enfuyait de moi fût à jamais perdu pour tout le monde, alors que déjà j'étais née une seconde fois à la vie sans qu'il en fût fait part à quiconque...

C'était donc là les célèbres blessures des femmes. Je m'exerçais à dire tout haut dans la rue « Non, non, non ! » et cherchais l'intonation la plus irrévocable qui lui renverrait à la tête son prochain rendez-vous. Ou bien je me lèverais au milieu du dîner, et toute blanche et toute noire, d'un coup de menton je désignerais la table entre nous qui m'empêche le passage et j'attendrais ainsi, le surplombant de ma dignité, qu'il m'arrange lui-même l'affront de mon départ en plein restaurant...

Mais il s'y prit comme ces séducteurs qui se montrent pleins de souffrances aux reproches dont on les accable, et courant chez lui pour le consoler à la nuit tombée, j'aperçus de loin, debout au milieu du trottoir désert, un couple dont retentissaient les baisers. Quand je fus à leur hauteur, l'homme releva sa bouche du cou frisé de la jeune fille, ils me regardèrent sournoisement.

— T'aimerais bien être à sa place, hein ? lança-t-il en riant, la casquette sur l'œil.

— Non, non, criai-je, j'y vais, j'y cours, à ma place, moi aussi ! Chacun sa place ! Et je pensais en même temps que d'autres dans Paris faisaient le même trajet, l'esprit tendu, les uns vers les autres, chacun prenant sa place pour la nuit.

Je mourais et renaissais, le tuais et le ressuscitais sans même qu'il y participât.

Que c'était donc beau, ce matin ! Vers onze heures, j'ai fermé la porte de chez lui, et son voisin d'étage avait fixé son œil larmoyant dans l'entrebâillement de la sienne, si bien que sa femme qui remontait avec son sac à provisions, innocente, n'a eu qu'à la lui pousser dans le nez, de ce geste qu'on a pour rentrer chez soi plus précipité que de coutume lorsqu'on croise quelqu'un d'étranger sur le palier. Je crois bien que c'était d'eux que le concierge nous avait dit une fois : « Ils ont eu un agacement, été obligés de se marier très vite. »

J'ai inventé de passer par la rue de l'Odéon et de traverser les jardins du Luxembourg. Une vieille dame, qui savait qu'elle l'était, essayait de se laisser tomber adroitement sur un siège de voiture :

— Prenez votre temps, Marie, lui disait un gendre attentif, pieds serrés devant la portière.

J'avais demandé à un comptoir un petit pain au chocolat.

— Retourne dans ton pays ! hurla un chauffeur de taxi à l'Algérien qui passait au vert. Les allées du jardin sentaient cette laine en flocons, très épicée, un peu humide, que lâchent les fleurs de marronniers au printemps et l'eau crue et éduquée des bassins publics. Une voix légère de trois années m'a appelée madame.

Je passais par des instants comme l'éternité doit en être faite, d'une autre valeur, d'un autre emploi, d'un autre registre que ceux qui contraignent le cœur à souffler, comme on expire, les mots « j'aime, je t'aime », après lesquels on ne sait pas faire mieux, sinon les répéter ainsi que des gros mots qu'on accumule et qui ne calment pas.

Je relevais directement de l'harmonie et d'une mémoire générales. Et je n'osais comprendre que cette vie future que j'attendais depuis que je savais que l'homme vient chercher la femme et l'emmène, et dont j'avais tant parlé en disant : « Plus tard... », ne commencerait plus.

J'avançais sur la Terre comme la lionne placée au pôle d'une grosse boule peinte qui, au son d'une musique de fête militaire, lui imprime sous ses quatre pattes en marche son mouvement de rotation.

Ma félicité s'appuyait sur l'existence même des Forces opposées, dont je sentais qu'elles gardaient toujours un œil ouvert et, rendue par mon état aux secrets du temps, réouverte aux principes les plus petits, aux essences éternelles, je respirais mieux de savoir que, profondément, Dieu et le diable avaient une main commune et, doucement alors, je retrouvai au rythme de mes pas la petite chanson qu'enfant je composais dans la spirale de ces deux Etres contraires, le soir en m'endormant : « L'orange est la femme du citron, la banane est l'amant de l'orange et du citron à la fois, le bleu et le rouge sont amoureux mais ne peuvent pas se marier, le vert est l'enfant légitime du jaune et du bleu... et moi je suis le fruit de papa et maman. » Et j'ajoutai : « Et lui, c'est mon amant. »

Je savais donc bien des choses en marchant, et en regardant les arbres, les fontaines, les gardiens et les nuages, j'étais certaine qu'il en savait autant, mais aussi qu'il ne pouvait rien ni pour ni contre ce bonheur, qui lui-même pouvait ne servir à rien : vraiment peu de choses enfin dans le domaine des sentiments nous revenaient en propre.

Ainsi débarrassée de son aspect privé, apparaissait clairement la beauté de notre relation, sa rareté, son honnêteté, son humilité ; sa justesse à lui et le bien-fondé de ses retenues : il ne pouvait point, quoi qu'il arrive, se passer de choses laides entre nous, et même, quoi que cet homme fît désormais, il ne pouvait plus ni personne m'abîmer gravement, il s'était lui-même ôté déjà ce pouvoir en ayant fait, pour jamais, commencer si joliment ma vie aimante.

Et j'avoue que dans cet état de reconnaissance, je nous aimais, comme une tierce personne, quasi religieusement, de ce que nous formions lui et moi à la lueur de cette conscience, sur ce fond de jardin du Luxembourg.

Il ne m'appartenait plus que d'être belle de l'avoir rencontré entre les murs d'un théâtre en chantier, d'apprendre qui il était au-delà de ce qu'il en connaissait lui-même, d'aimer d'autres hommes grâce à lui, de rire encore tout haut et de pleurer en pensant à l'élégance de son corps, à la façon dont il porte ses mains, dont elles tiennent pincée et courbée une cigarette comme un insecte vivant, puis à cette façon qu'il a encore de réunir le bout de ses doigts face au ciel, de les ouvrir et les refermer dans un mouvement d'appel, de préhension et de pesée au fur et à mesure qu'il parle de l'insaisissable, des humeurs quotidiennes, des nostalgies divines ou des misères physiques.

Fixé, immobilisé dans un cadre de verre, il

aurait offert l'image d'un de ces jeunes pères parfaits, disparus avant que l'on ait cessé de les admirer et de les craindre, une jambe en avant comme présentant sa descendance et le visage serein et fier porté légèrement de côté dans le sens du vent en un défi heureux, prêt peut-être de recevoir les félicitations d'un amiral anglais avant d'embarquer, le rapport de sa femme sur la bonne conduite de leurs enfants ou encore sur le point d'aller présenter ses respects à sa vieille mère.

Et bien que ce fût la même solitude, joyeuse ce matin dans les jardins, qui inversement, il y a peu de jours, m'avait fait souffrir, c'était quand même elle qui me permettait de vivre dans cet état de chaude et riche illusion dans lequel on se trouve quand, enflé et nourri d'une énergie et d'une puissance virtuelles on se croit capable d'accomplir dans l'heure un chef-d'œuvre, avec la certitude sans réplique que je saurais comment il faudrait le prendre à lui-même comme on entraîne quelqu'un de paresseux à la promenade et à ses imprévus, puis écarter de lui les gens sans relief, les événements qui l'ennuient, les garçons de café négligents qui épuisent sa patience entre la salade et le dessert, les courants d'air qui le poursuivent depuis l'enfance, les insultes qu'il s'adresse, remonter les draps avant qu'il n'ait frais, faire qu'il ne pleuve pas car il se sent amoindri d'être mouillé, lui rappeler les moments oubliés, le faire rire, lui mettre l'eau à la bouche, lui camper les personnes rencontrées de ma vie racontable, qu'il ait la satisfaction d'avoir vécu deux fois la journée, dont l'une plus légèrement que l'autre.

Alors, quoique j'aie encore de mon côté mon propre gouvernement à mener, je me sens, par Dieu, ce soir, bien capable de mener les deux de front.

Décembre 1972.

BRODARD ET TAUPIN À LA FLÈCHE
DÉPÔT LÉGAL FÉVRIER 1987. N° 9473 (6936-5)

Collection Points

SÉRIE ROMAN

R1. Le Tambour, *par Günter Grass*
R2. Le Dernier des Justes, *par André Schwarz-Bart*
R3. Le Guépard, *par Giuseppe Tomasi di Lampedusa*
R4. La Côte sauvage, *par Jean-René Huguenin*
R5. Acid Test, *par Tom Wolfe*
R6. Je vivrai l'amour des autres, *par Jean Cayrol*
R7. Les Cahiers de Malte Laurids Brigge
par Rainer Maria Rilke
R8. Moha le fou, Moha le sage, *par Tahar Ben Jelloun*
R9. L'Horloger du Cherche-Midi, *par Luc Estang*
R10. Le Baron perché, *par Italo Calvino*
R11. Les Bienheureux de La Désolation, *par Hervé Bazin*
R12. Salut Galarneau !, *par Jacques Godbout*
R13. Cela s'appelle l'aurore, *par Emmanuel Roblès*
R14. Les Désarrois de l'élève Törless, *par Robert Musil*
R15. Pluie et Vent sur Télumée Miracle
par Simone Schwarz-Bart
R16. La Traque, *par Herbert Lieberman*
R17. L'Imprécateur, *par René-Victor Pilhes*
R18. Cent Ans de solitude, *par Gabriel Garcia Marquez*
R19. Moi d'abord, *par Katherine Pancol*
R20. Un jour, *par Maurice Genevoix*
R21. Un pas d'homme, *par Marie Susini*
R22. La Grimace, *par Heinrich Böll*
R23. L'Age du tendre, *par Marie Chaix*
R24. Une tempête, *par Aimé Césaire*
R25. Moustiques, *par William Faulkner*
R26. La Fantaisie du voyageur, *par François-Régis Bastide*
R27. Le Turbot, *par Günter Grass*
R28. Le Parc, *par Philippe Sollers*
R29. Ti Jean L'horizon, *par Simone Schwarz-Bart*
R30. Affaires étrangères, *par Jean-Marc Roberts*
R31. Nedjma, *par Kateb Yacine*
R32. Le Vertige, *par Evguénia Guinzbourg*
R33. La Motte rouge, *par Maurice Genevoix*
R34. Les Buddenbrook, *par Thomas Mann*
R35. Grand Reportage, *par Michèle Manceaux*

R36. Isaac le mystérieux (Le ver et le solitaire)
par Jerome Charyn
R37. Le Passage, *par Jean Reverzy*
R38. Chesapeake, *par James A. Michener*
R39. Le Testament d'un poète juif assassiné, *par Elie Wiesel*
R40. Candido, *par Leonardo Sciascia*
R41. Le Voyage à Paimpol, *par Dorothée Letessier*
R42. L'Honneur perdu de Katharina Blum, *par Heinrich Böll*
R43. Le Pays sous l'écorce, *par Jacques Lacarrière*
R44. Le Monde selon Garp, *par John Irving*
R45. Les Trois Jours du cavalier, *par Nicole Ciravégna*
R46. Nécropolis, *par Herbert Lieberman*
R47. Fort Saganne, *par Louis Gardel*
R48. La Ligne 12, *par Raymond Jean*
R49. Les Années de chien, *par Günter Grass*
R50. La Réclusion solitaire, *par Tahar Ben Jelloun*
R51. Senilità, *par Italo Svevo*
R52. Trente Mille Jours, *par Maurice Genevoix*
R53. Cabinet Portrait, *par Jean-Luc Benoziglio*
R54. Saison violente, *par Emmanuel Roblès*
R55. Une comédie française, *par Erik Orsenna*
R56. Le Pain nu, *par Mohamed Choukri*
R57. Sarah et le Lieutenant français, *par John Fowles*
R58. Le Dernier Viking, *par Patrick Grainville*
R59. La Mort de la phalène, *par Virginia Woolf*
R60. L'Homme sans qualités, tome 1, *par Robert Musil*
R61. L'Homme sans qualités, tome 2, *par Robert Musil*
R62. L'Enfant de la mer de Chine, *par Didier Decoin*
R63. Le Professeur et la Sirène
par Giuseppe Tomasi di Lampedusa
R64. Le Grand Hiver, *par Ismaïl Kadaré*
R65. Le Cœur du voyage, *par Pierre Moustiers*
R66. Le Tunnel, *par Ernesto Sabato*
R67. Kamouraska, *par Anne Hébert*
R68. Machenka, *par Vladimir Nabokov*
R69. Le Fils du pauvre, *par Mouloud Feraoun*
R70. Cités à la dérive, *par Stratis Tsirkas*
R71. Place des Angoisses, *par Jean Reverzy*
R72. Le Dernier Chasseur, *par Charles Fox*
R73. Pourquoi pas Venise, *par Michèle Manceaux*
R74. Portrait de groupe avec dame, *par Heinrich Böll*
R75. Lunes de fiel, *par Pascal Bruckner*

R76. Le Canard de bois (Les Fils de la Liberté, I)
par Louis Caron
R77. Jubilee, *par Margaret Walker*
R78. Le Médecin de Cordoue, *par Herbert Le Porrier*
R79. Givre et Sang, *par John Cowper Powys*
R80. La Barbare, *par Katherine Pancol*
R81. Si par une nuit d'hiver un voyageur, *par Italo Calvino*
R82. Gerardo Laïn, *par Michel del Castillo*
R83. Un amour infini, *par Scott Spencer*
R84. Une enquête au pays, *par Driss Chraïbi*
R85. Le Diable sans porte (tome 1 : Ah, mes aïeux !)
par Claude Duneton
R86. La Prière de l'absent, *par Tahar Ben Jalloun*
R87. Venise en hiver, *par Emmanuel Roblès*
R88. La Nuit du Décret, *par Michel del Castillo*
R89. Alejandra, *par Ernesto Sabato*
R90. Plein Soleil, *par Marie Susini*
R91. Les Enfants de fortune, *par Jean-Marc Roberts*
R92. Protection encombrante, *par Heinrich Böll*
R93. Lettre d'excuse, *par Raphaële Billetdoux*
R94. Le Voyage indiscret, *par Katherine Mansfield*
R95. La Noire, *par Jean Cayrol*
R96. L'Obsédé (L'Amateur), *par John Fowles*
R97. Siloé, *par Paul Gadenne*
R98. Portrait de l'artiste en jeune chien, *par Dylan Thomas*
R99. L'Autre, *par Julien Green*
R100. Histoires pragoises, *par Rainer Maria Rilke*
R101. Bélibaste, *par Henri Gougaud*
R102. Le Ciel de la Kolyma (Le Vertige, II)
par Evguénia Guinzbourg
R103. La Mulâtresse Solitude, *par Simone Schwarz-Bart*
R104. L'Homme du Nil, *par Stratis Tsirkas*
R105. La Rhubarbe, *par René-Victor Pilhes*
R106. Gibier de potence, *par Kurt Vonnegut*
R107. Memory Lane, *par Patrick Modiano*
dessins de Pierre Le Tan
R108. L'Affreux Pastis de la rue des Merles
par Carlo Emilio Gadda
R109. La Fontaine obscure, *par Raymond Jean*
R110. L'Hôtel New Hampshire, *par John Irving*
R111. Les Immémoriaux, *par Victor Segalen*
R112. Cœur de lièvre, *par John Updike*

R113. Le Temps d'un royaume, *par Rose Vincent*
R114. Poisson-chat, *par Jerome Charyn*
R115. Abraham de Brooklyn, *par Didier Decoin*
R116. Trois Femmes, *suivi de* Noces, *par Robert Musil*
R117. Les Enfants du sabbat, *par Anne Hébert*
R118. La Palmeraie, *par François-Régis Bastide*
R119. Maria Republica, *par Agustin Gomez-Arcos*
R120. La Joie, *par Georges Bernanos*
R121. Incognito, *par Petru Dumitriu*
R122. Les Forteresses noires, *par Patrick Grainville*
R123. L'Ange des ténèbres, *par Ernesto Sabato*
R124. La Fiera, *par Marie Susini*
R125. La Marche de Radetzky, *par Joseph Roth*
R126. Le vent souffle où il veut, *par Paul-André Lesort*
R127. Si j'étais vous..., *par Julien Green*
R128. Le Mendiant de Jérusalem, *par Elie Wiesel*
R129. Mortelle, *par Christopher Frank*
R130. La France m'épuise, *par Jean-Louis Curtis*
R131. Le Chevalier inexistant, *par Italo Calvino*
R132. Dialogues des Carmélites, *par Georges Bernanos*
R133. L'Étrusque, *par Mika Waltari*
R134. La Rencontre des hommes, *par Benigno Cacérès*
R135. Le Petit Monde de Don Camillo, *par Giovanni Guareschi*
R136. Le Masque de Dimitrios, *par Eric Ambler*
R137. L'Ami de Vincent, *par Jean-Marc Roberts*
R138. Un homme au singulier, *par Christopher Isherwood*
R139. La Maison du désir, *par France Huser*
R140. Moi et ma cheminée, *par Herman Melville*
R141. Les Fous de Bassan, *par Anne Hébert*
R142. Les Stigmates, *par Luc Estang*
R143. Le Chat et la Souris, *par Günter Grass*
R144. Loïca, *par Dorothée Letessier*
R145. Paradiso, *par José Lezama Lima*
R146. Passage de Milan, *par Michel Butor*
R147. Anonymus, *par Michèle Manceaux*
R148. La Femme du dimanche
par Carlo Fruttero et Franco Lucentini
R149. L'Amour monstre, *par Louis Pauwels*
R150. L'Arbre à soleils, *par Henri Gougaud*
R151. Traité du zen et de l'entretien des motocyclettes
par Robert M. Pirsig
R152. L'Enfant du cinquième Nord, *par Pierre Billon*

R153. N'envoyez plus de roses, *par Eric Ambler*
R154. Les Trois Vies de Babe Ozouf, *par Didier Decoin*
R155. Le Vert Paradis, *par André Brincourt*
R156. Varouna, *par Julien Green*
R157. L'Incendie de Los Angeles, *par Nathanaël West*
R158. Les Belles de Tunis, *par Nine Moati*
R159. Vertes Demeures, *par William Henry Hudson*
R160. Les Grandes Vacances, *par Francis Ambrière*
R161. Ceux de 14, *par Maurice Genevoix*
R162. Les Villes invisibles, *par Italo Calvino*
R163. L'Agent secret, *par Graham Greene*
R164. La Lézarde, *par Edouard Glissant*
R165. Le Grand Escroc, *par Herman Melville*
R166. Lettre à un ami perdu, *par Patrick Besson*
R167. Evaristo Carriego, *par Jorge Luis Borges*
R168. La Guitare, *par Michel del Castillo*
R169. Épitaphe pour un espion, *par Eric Ambler*
R170. Fin de saison au Palazzo Pedrotti, *par Frédéric Vitoux*
R171. Jeunes Années. Autobiographie 1, *par Julien Green*
R172. Jeunes Années. Autobiographie 2, *par Julien Green*
R173. Les Égarés, *par Frédérick Tristan*
R174. Une affaire de famille, *par Christian Giudicelli*
R175. Le Testament amoureux, *par Rezvani*
R176. C'était cela notre amour, *par Marie Susini*
R177. Souvenirs du triangle d'or, *par Alain Robbe-Grillet*
R178. Les Lauriers du lac de Constance, *par Marie Chaix*
R179. Plan B, *par Chester Himes*
R180. Le Sommeil agité, *par Jean-Marc Roberts*
R181. Roman Roi, *par Renaud Camus*
R182. Vingt Ans et des poussières, *par Didier van Cauwelaert*
R183. Le Château des destins croisés, *par Italo Calvino*
R184. Le Vent de la nuit, *par Michel del Castillo*
R185. Une curieuse solitude, *par Philippe Sollers*
R186. Les Trafiquants d'armes, *par Eric Ambler*
R187. Un printemps froid, *par Danièle Sallenave*
R188. Mickey l'Ange, *par Geneviève Dormann*
R189. Histoire de la mer, *par Jean Cayrol*
R190. Senso, par *Camillo Boito*
R191. Sous le soleil de Satan, *par Georges Bernanos*
R192. Niembsch ou l'immobilité, *par Peter Härtling*
R193. Prends garde à la douceur des choses
par Raphaële Billetdoux

R194. L'Agneau carnivore, *par Agustin Gomez-Arcos*
R195. L'Imposture, *par Georges Bernanos*
R196. Ararat, *par D. M. Thomas*
R197. La Croisière de l'angoisse, *par Eric Ambler*
R198. Léviathan, *par Julien Green*
R199. Sarnia, *par Gerald Basil Edwards*
R200. Le Colleur d'affiches, *par Michel del Castillo*
R201. Un mariage poids moyen, *par John Irving*
R202. John l'Enfer, *par Didier Decoin*
R203. Les Chambres de bois, *par Anne Hébert*
R204. Mémoires d'un jeune homme rangé
par Tristan Bernard
R205. Le Sourire du Chat, *par François Maspero*
R206. L'Inquisiteur, *par Henri Gougaud*
R207. La Nuit américaine, *par Christopher Frank*
R208. Jeunesse dans une ville normande
par Jacques-Pierre Amette
R209. Fantôme d'une puce, *par Michel Braudeau*
R210. L'Avenir radieux, *par Alexandre Zinoviev*
R211. Constance D., *par Christian Combaz*
R212. Épaves, *par Julien Green*
R213. La Leçon du maître, *par Henry James*
R214. Récit des temps perdus, *par Aris Fakinos*
R215. La Fosse aux chiens, *par John Cowper Powys*
R216. Les Portes de la forêt, *par Elie Wiesel*
R217. L'Affaire Deltchev, *par Eric Ambler*
R218. Les amandiers sont morts de leurs blessures
par Tahar Ben Jelloun
R219. L'Admiroir, *par Anny Duperey*
R220. Les Grands Cimetières sous la lune
par Georges Bernanos
R221. La Créature, *par Étienne Barilier*
R222. Un Anglais sous les tropiques, *par William Boyd*
R223. La Gloire de Dina, *par Michel del Castillo*
R224. Poisson d'amour, *par Didier van Cauwelaert*
R225. Les Yeux fermés, *par Marie Susini*
R226. Cobra, *par Severo Sarduy*
R227. Cavalerie rouge, *par Isaac Babel*
R228. Tous les soleils, *par Bertrand Visage*
R229. Pétersbourg, *par Andréi Biély*
R230. Récits d'un jeune médecin, *par Mikhaïl Boulgakov*
R231. La Maison des prophètes, *par Nicolas Saudray*

R232. Trois Heures du matin à New York
par Herbert Lieberman
R233. La Mère du printemps, *par Driss Chraïbi*
R234. Adrienne Mesurat, *par Julien Green*
R235. Jusqu'à la mort, *par Amos Oz*
R236. Les Envoûtés, *par Witold Gombrowicz*
R237. Frontière des ténèbres, *par Eric Ambler*
R238. Les Deux Sacrements, *par Heinrich Böll*
R239. Cherchant qui dévorer, *par Luc Estang*
R240. Le Tournant, histoire d'une vie, *par Klaus Mann*
R241. Aurélia, *par France Huser*
R242. Le Sixième Hiver, *par Douglas Orgill et John Gribbin*
R243. Naissance d'un spectre, *par Frédérick Tristan*
R244. Lorelei, *par Maurice Genevoix*
R245. Le Bois de la nuit, *par Djuna Barnes*
R246. La Caverne céleste, *par Patrick Grainville*
R247. L'Alliance, tome 1, *par James A. Michener*
R248. L'Alliance, tome 2, *par James A. Michener*
R249. Juliette, chemin des Cerisiers, *par Marie Chaix*
R250. Le Baiser de la femme-araignée, *par Manuel Puig*
R251. Le Vésuve, *par Emmanuel Roblès*
R252. Comme neige au soleil, *par William Boyd*
R253. Palomar, *par Italo Calvino*
R254. Le Visionnaire, *par Julien Green*
R255. La Revanche, *par Henry James*
R256. Les Années-lumière, *par Rezvani*
R257. La Crypte des capucins, *par Joseph Roth*
R258. La Femme publique, *par Dominique Garnier*
R259. Maggie Cassidy, *par Jack Kerouac*
R260. Mélancolie Nord, *par Michel Rio*
R261. Énergie du désespoir, *par Eric Ambler*
R262. L'Aube, *par Elie Wiesel*
R263. Le Paradis des orages, *par Patrick Grainville*
R264. L'Ouverture des bras de l'homme, *par Raphaële Billetdoux*
R265. Méchant, *par Jean-Marc Roberts*
R266. Un policeman, *par Didier Decoin*
R267. Les Corps étrangers, *par Jean Cayrol*
R268. Naissance d'une passion, *par Michel Braudeau*
R269. Dara, *par Patrick Besson*
R270. Parias, *par Pascal Bruckner*
R271. Le Soleil et la Roue, *par Rose Vincent*

Collection Points

1. Histoire du surréalisme, *par Maurice Nadeau*
2. Une théorie scientifique de la culture *par Bronislaw Malinowski*
3. Malraux, Camus, Sartre, Bernanos, *par Emmanuel Mounier*
4. L'Homme unidimensionnel, *par Herbert Marcuse* (épuisé)
5. Écrits I, *par Jacques Lacan*
6. Le Phénomène humain, *par Pierre Teilhard de Chardin*
7. Les Cols blancs, *par C. Wright Mills*
8. Stendhal, Flaubert, *par Jean-Pierre Richard*
9. La Nature dé-naturée, *par Jean Dorst*
10. Mythologies, *par Roland Barthes*
11. Le Nouveau Théâtre américain *par Franck Jotterand* (épuisé)
12. Morphologie du conte, *par Vladimir Propp*
13. L'Action sociale, *par Guy Rocher*
14. L'Organisation sociale, *par Guy Rocher*
15. Le Changement social, *par Guy Rocher*
16. Les Étapes de la croissance économique, *par W. W. Rostow*
17. Essais de linguistique générale, *par Roman Jakobson* (épuisé)
18. La Philosophie critique de l'histoire, *par Raymond Aron*
19. Essais de sociologie, *par Marcel Mauss*
20. La Part maudite, *par Georges Bataille* (épuisé)
21. Écrits II, *par Jacques Lacan*
22. Éros et Civilisation, *par Herbert Marcuse* (épuisé)
23. Histoire du roman français depuis 1918 *par Claude-Edmonde Magny*
24. L'Écriture et l'Expérience des limites *par Philippe Sollers*
25. La Charte d'Athènes, *par Le Corbusier*
26. Peau noire, Masques blancs, *par Frantz Fanon*
27. Anthropologie, *par Edward Sapir*
28. Le Phénomène bureaucratique, *par Michel Crozier*
29. Vers une civilisation du loisir? *par Joffre Dumazedier*
30. Pour une bibliothèque scientifique *par François Russo* (épuisé)
31. Lecture de Brecht, *par Bernard Dort*
32. Ville et Révolution, *par Anatole Kopp*
33. Mise en scène de Phèdre, *par Jean-Louis Barrault*

34. Les Stars, *par Edgar Morin*
35. Le Degré zéro de l'écriture, *suivi de* Nouveaux Essais critiques *par Roland Barthes*
36. Libérer l'avenir, *par Ivan Illich*
37. Structure et Fonction dans la société primitive *par A. R. Radcliffe-Brown*
38. Les Droits de l'écrivain, *par Alexandre Soljénitsyne*
39. Le Retour du tragique, *par Jean-Marie Domenach*
41. La Concurrence capitaliste *par Jean Cartell et Pierre-Yves Cossé* (épuisé)
42. Mise en scène d'Othello, *par Constantin Stanislavski*
43. Le Hasard et la Nécessité, *par Jacques Monod*
44. Le Structuralisme en linguistique, *par Oswald Ducrot*
45. Le Structuralisme : Poétique, *par Tzvetan Todorov*
46. Le Structuralisme en anthropologie, *par Dan Sperber*
47. Le Structuralisme en psychanalyse, *par Moustafa Safouan*
48. Le Structuralisme : Philosophie, *par François Wahl*
49. Le Cas Dominique, *par Françoise Dolto*
51. Trois Essais sur le comportement animal et humain *par Konrad Lorenz*
52. Le Droit à la ville, *suivi de* Espace et Politique *par Henri Lefebvre*
53. Poèmes, *par Léopold Sédar Senghor*
54. Les Élégies de Duino, *suivi de* les Sonnets à Orphée *par Rainer Maria Rilke* (édition bilingue)
55. Pour la sociologie, *par Alain Touraine*
56. Traité du caractère, *par Emmanuel Mounier*
57. L'Enfant, sa « maladie » et les autres, *par Maud Mannoni*
58. Langage et Connaissance, *par Adam Schaff*
59. Une saison au Congo, *par Aimé Césaire*
61. Psychanalyser, *par Serge Leclaire*
63. Mort de la famille, *par David Cooper*
64. A quoi sert la Bourse?, *par Jean-Claude Leconte* (épuisé)
65. La Convivialité, *par Ivan Illich*
66. L'Idéologie structuraliste, *par Henri Lefebvre*
67. La Vérité des prix, *par Hubert Lévy-Lambert* (épuisé)
68. Pour Gramsci, *par Maria-Antonietta Macciocchi*
69. Psychanalyse et Pédiatrie, *par Françoise Dolto*
70. S/Z, *par Roland Barthes*
71. Poésie et Profondeur, *par Jean-Pierre Richard*
72. Le Sauvage et l'Ordinateur, *par Jean-Marie Domenach*
73. Introduction à la littérature fantastique, *par Tzvetan Todorov*

74. Figures I, *par Gérard Genette*
75. Dix Grandes Notions de la sociologie, *par Jean Cazeneuve*
76. Mary Barnes, un voyage à travers la folie
par Mary Barnes et Joseph Berke
77. L'Homme et la Mort, *par Edgar Morin*
78. Poétique du récit, *par Roland Barthes, Wayne Booth Philippe Hamon et Wolfgang Kayser*
79. Les Libérateurs de l'amour, *par Alexandrian*
80. Le Macroscope, *par Joël de Rosnay*
81. Délivrance, *par Maurice Clavel et Philippe Sollers*
82. Système de la peinture, *par Marcelin Pleynet*
83. Pour comprendre les média, *par M. McLuhan*
84. L'Invasion pharmaceutique
par Jean-Pierre Dupuy et Serge Karsenty
85. Huit Questions de poétique, *par Roman Jakobson*
86. Lectures du désir, *par Raymond Jean*
87. Le Traître, *par André Gorz*
88. Psychiatrie et Anti-Psychiatrie, *par David Cooper*
89. La Dimension cachée, *par Edward T. Hall*
90. Les Vivants et la Mort, *par Jean Ziegler*
91. L'Unité de l'homme, *par le Centre Royaumont*
1. Le primate et l'homme, *par E. Morin et M. Piattelli-Palmarini*
92. L'Unité de l'homme, *par le Centre Royaumont*
2. Le cerveau humain, *par E. Morin et M. Piattelli-Palmarini*
93. L'Unité de l'homme, *par le Centre Royaumont*
3. Pour une anthropologie fondamentale
par E. Morin et M. Piattelli-Palmarini
94. Pensées, *par Blaise Pascal*
95. L'Exil intérieur, *par Roland Jaccard*
96. Semeiotiké, recherches pour une sémanalyse
par Julia Kristeva
97. Sur Racine, *par Roland Barthes*
98. Structures syntaxiques, *par Noam Chomsky*
99. Le Pyschiatre, son « fou » et la psychanalyse
par Maud Mannoni
100. L'Écriture et la Différence, *par Jacques Derrida*
101. Le Pouvoir africain, *par Jean Ziegler*
102. Une logique de la communication
par P. Watzlawick, J. Helmick Beavin, Don D. Jackson
103. Sémantique de la poésie, *par T. Todorov, W. Empson J. Cohen, G. Hartman et F. Rigolot*
104. De la France, *par Maria-Antonietta Macciocchi*

105. Small is beautiful, *par E. F. Schumacher*
106. Figures II, *par Gérard Genette*
107. L'Œuvre ouverte, *par Umberto Eco*
108. L'Urbanisme, *par Françoise Choay*
109. Le Paradigme perdu, *par Edgar Morin*
110. Dictionnaire encyclopédique des sciences du langage *par Oswald Ducrot et Tzvetan Todorov*
111. L'Évangile au risque de la psychanalyse (tome 1) *par Françoise Dolto*
112. Un enfant dans l'asile, *par Jean Sandretto*
113. Recherche de Proust, *ouvrage collectif*
114. La Question homosexuelle, *par Marc Oraison*
115. De la psychose paranoïaque dans ses rapports avec la personnalité, *par Jacques Lacan*
116. Sade, Fourier, Loyola, *par Roland Barthes*
117. Une société sans école, *par Ivan Illich*
118. Mauvaises Pensées d'un travailleur social *par Jean Marie Geng*
120. Poétique de la prose, *par Tzvetan Todorov*
121. Théorie d'ensemble, *par Tel Quel*
122. Némésis médicale, *par Ivan Illich*
123. La Méthode
    1. La Nature de la Nature, *par Edgar Morin*
124. Le Désir et la Perversion, *ouvrage collectif*
125. Le langage, cet inconnu, *par Julia Kristeva*
126. On tue un enfant, *par Serge Leclaire*
127. Essais critiques, *par Roland Barthes*
128. Le Je-ne-sais-quoi et le Presque-rien
    1. La manière et l'occasion, *par Vladimir Jankélévitch*
129. L'Analyse structurale du récit, Communications 8 *ouvrage collectif*
130. Changements, Paradoxes et Psychothérapie *par P. Watzlawick, J. Weakland et R. Fisch*
131. Onze Études sur la poésie moderne *par Jean-Pierre Richard*
132. L'Enfant arriéré et sa mère, *par Maud Mannoni*
133. La Prairie perdue (Le roman américain) *par Jacques Cabau*
134. Le Je-ne-sais-quoi et le Presque-rien
    2. La méconnaissance, *par Vladimir Jankélévitch*
135. Le Plaisir du texte, *par Roland Barthes*
136. La Nouvelle Communication, *ouvrage collectif*

137. Le Vif du sujet, *par Edgar Morin*
138. Théories du langage, théories de l'apprentissage *par le Centre Royaumont*
139. Baudelaire, la Femme et Dieu, *par Pierre Emmanuel*
140. Autisme et Psychose de l'enfant, *par Frances Tustin*
141. Le Harem et les Cousins, *par Germaine Tillion*
142. Littérature et Réalité, *ouvrage collectif*
143. La Rumeur d'Orléans, *par Edgar Morin*
144. Partage des femmes, *par Eugénie Lemoine-Luccioni*
145. L'Évangile au risque de la psychanalyse (tome 2) *par Françoise Dolto*
146. Rhétorique générale, *par le Groupe μ*
147. Système de la Mode, *par Roland Barthes*
148. Démasquer le réel, *par Serge Leclaire*
149. Le Juif imaginaire, *par Alain Finkielkraut*
150. Travail de Flaubert, *ouvrage collectif*
151. Journal de Californie, *par Edgar Morin*
152. Pouvoirs de l'horreur, *par Julia Kristeva*
153. Introduction à la philosophie de l'histoire de Hegel *par Jean Hyppolite*
154. La Foi au risque de la psychanalyse *par Françoise Dolto et Gérard Sévérin*
155. Un lieu pour vivre, *par Maud Mannoni*
156. Scandale de la vérité, *suivi de* Nous autres, Français, *par Georges Bernanos*
157. Enquête sur les idées contemporaines *par Jean-Marie Domenach*
158. L'Affaire Jésus, *par Henri Guillemin*
159. Paroles d'étranger, *par Elie Wiesel*
160. Le Langage silencieux, *par Edward T. Hall*
161. La Rive gauche, *par Herbert R. Lottman*
162. La Réalité de la réalité, *par Paul Watzlawick*
163. Les Chemins de la vie, *par Joël de Rosnay*
164. Dandies, *par Roger Kempf*
165. Histoire personnelle de la France *par François George*
166. La Puissance et la Fragilité, *par Jean Hamburger*
167. Le Traité du sablier, *par Ernst Jünger*
168. Pensée de Rousseau, *ouvrage collectif*
169. La Violence du calme, *par Viviane Forrester*
170. Pour sortir du XXe siècle, *par Edgar Morin*
171. La Communication, Hermès 1, *par Michel Serres*

172. Sexualités occidentales, Communications 35
ouvrage collectif
173. Lettre aux Anglais, *par Georges Bernanos*
174. La Révolution du langage poétique, *par Julia Kristeva*
175. La Méthode
2. La Vie de la Vie, *par Edgar Morin*
176. Théories du symbole, *par Tzvetan Todorov*
177. Mémoires d'un névropathe
par Daniel Paul Schreber
178. Les Indes, *par Édouard Glissant*
179. Clefs pour l'Imaginaire ou l'Autre Scène
par Octave Mannoni
180. La Sociologie des organisations, *par Philippe Bernoux*
181. Théorie des genres, *ouvrage collectif*
182. Le Je-ne-sais-quoi et le Presque-rien
3. La volonté de vouloir, *par Vladimir Jankélévitch*
183. Traité du rebelle, *par Ernst Jünger*
184. Un homme en trop, *par Claude Lefort*
185. Théâtres, *par Bernard Dort*
186. Le Langage du changement, *par Paul Watzlawick*
187. Lettre ouverte à Freud, *par Lou Andreas-Salomé*

Collection Points

SÉRIE POLITIQUE

1. La Démocratie, *par Georges Burdeau*
2. L'Afrique noire est mal partie, *par René Dumont*
3. Communisme, Anarchie et Personnalisme
par Emmanuel Mounier
4. Que faire ?, *par Lénine*
5. Machiavel, *par Georges Mounin* (épuisé)
6. Dans trente ans la Chine, *par Robert Guillain* (épuisé)
7. Citations du président Mao Tsé-toung
8. Pour une réforme de l'entreprise, *par François Bloch-Lainé* (épuisé)
9. Les Socialistes, *par André Philip* (épuisé)
10. Hô Chi-minh, *par Jean Lacouture* (épuisé)
11. Histoire de la révolution russe, 1. Février, *par Trotsky*
12. Histoire de la révolution russe, 2. Octobre, *par Trotsky*
13. Réflexions sur l'histoire d'aujourd'hui
par Tibor Mende (épuisé)
14. Histoire du syndicalisme britannique
par Henry Pelling (épuisé)
15. Trois Encycliques sociales, *de Jean XXIII et Paul VI* (épuisé)
16. Bilan de l'URSS, 1917-1967, *par J.-P. Nettl* (épuisé)
17. Mahomet, *par Maxime Rodinson*
18. Citations du président de Gaulle, *par Jean Lacouture* (épuisé)
20. Les libertés à l'abandon, *par Roger Errera* (épuisé)
21. Qu'est-ce que la politique ?, *par Julien Freund*
22. Citations de Fidel Castro
par Henri de la Vega et Raphaël Sorin
23. Les lycéens gardent la parole, *par les CAL* (épuisé)
24. Les Communistes français, *par Annie Kriegel* (épuisé)
25. La CGT, *par André Barjonet* (épuisé)
26. Les 20 Amériques latines, t. 1, *par Marcel Niedergang*
27. Les 20 Amériques latines, t. 2, *par Marcel Niedergang*
28. Les 20 Amériques latines, t. 3, *par Marcel Niedergang*
29. Introduction à une politique de l'homme, *par Edgar Morin*
30. Le Nouveau Christianisme, *par H. de Saint-Simon*
31. Le PSU, *par Michel Rocard* (épuisé)
32. La Nouvelle Classe ouvrière, *par Serge Mallet* (épuisé)
33. Réforme et Révolution, *par André Gorz* (épuisé)

34. L'Etat SS, *par Eugen Kogon*
35. L'Etat, par Georges Burdeau
36. Cuba est-il socialiste?, *par René Dumont* (épuisé)
37. Les Paysans dans la lutte des classes
par Bernard Lambert (épuisé)
38. La Pensée de Karl Marx, *par Jean-Yves Calvez*
39. La Pensée politique arabe contemporaine
par Anouar Abdel-Malek
40. Pour le nouveau parti socialiste, *par Alain Savary*
41. Autogestion, *par Daniel Chauvey*
42. Un socialisme du possible, *par François Mitterrand* (épuisé)
43. La CFDT, *ouvrage collectif* (épuisé)
44. Paris libre 1871, *par Jacques Rougerie*
45. Les Nouveaux Intellectuels
par Frédéric Bon et Michel-Antoine Burnier (épuisé)
46. Les Origines du gauchisme, *par Richard Gombin*
47. La Société bloquée, *par Michel Crozier*
48. Classe ouvrière et Révolution
par Frédéric Bon et Michel-Antoine Burnier (épuisé)
49. Histoire des démocraties populaires
1. L'ère de Staline, *par François Fejtö*
50. Histoire des démocraties populaires
2. Après Staline, *par François Fejtö*
51. La Faute à Voltaire, *par Nelcya Delanoë*
52. Géographie de la faim, *par Josué de Castro*
53. Le Système totalitaire, *par Hannah Arendt*
Les origines du totalitarisme, 3
54. Le Communisme utopique, *par Alain Touraine*
55. Japon, troisième grand, *par Robert Guillain*
56. Les Partis politiques dans la France d'aujourd'hui
par François Borella
57. Pour un nouveau contrat social, *par Edgar Faure*
58. Le Marché commun contre l'Europe
par Bernard Jaumont, Daniel Lenègre et Michel Rocard (épuisé)
59. Le Métier de militant, *par Daniel Mothé*
60. Chine-URSS, *par François Fetjö*
61. Critique de la division du travail, *par André Gorz*
62. La Civilisation au carrefour, *par Radovan Richta*
63. Les Cinq Communismes, *par Gilles Martinet* (épuisé)
64. Bilan et Perspectives, *par Léon Trotsky*
65. Pour une sociologie politique, t. 1
par Jean-Pierre Cot et Jean-Pierre Mounier

66. Pour une sociologie politique, t. 2
par Jean-Pierre Cot et Jean-Pierre Mounier
67. L'Utopie ou la Mort, *par René Dumont*
68. Fascisme et Dictature, *par Nicos Poulantzas*
69. Mao Tsé-toung et la Construction du socialisme
textes inédits traduits et présentés par Hu Chi-hsi
70. Autocritique, *par Edgar Morin*
71. Nouveau Guide du militant, *par Denis Langlois*
72. Les Syndicats en France, t, 1
par Jean-Daniel Reynaud
73. Les Syndicats en France, t. 2. Textes et documents
par Jean-Daniel Reynaud
74. Force ouvrière, *par Alain Bergounioux*
75. De l'aide à la recolonisation, *par Tibor Mende*
76. Le Patronat, histoire, structure, stratégie du CNPF
par Bernard Brizay
77. Lettres une étudiante, *par Alain Touraine*
78. Sur la France, *par Stanley Hoffmann* (épuisé)
79. La Cuisinière et le Mangeur d'hommes, *par André Glucksmann*
80. L'Age de l'autogestion, *par Pierre Rosanvallon*
81. Les Classes sociales dans le capitalisme aujourd'hui
par Nicos Poulantzas
82. Regards froids sur la Chine, *ouvrage collectif*
83. Théorie politique, *par Saint-Just*
84. La Crise des dictatures, *par Nicos Poulantzas* (épuisé)
85. Les Dégâts du progrès, *par la CFDT*
86. Les Sommets de l'Etat, *par Pierre Birnbaum*
87. Du contrat social, *par Jean-Jacques Rousseau*
88. L'Enfant et la Raison d'Etat, *par Philippe Meyer*
89. Ecologie et Politique, *par André Gorz / Michel Bosquet*
90. Les Racines du libéralisme, *par Pierre-François Moreau*
91. Syndicat libre en URSS
par le Comité international contre la répression
92. L'Informatisation de la société, *par Simon Nora et Alain Minc*
93. Manuel de l'animateur social, *par Saul Alinsky*
94. Mémoires d'un révolutionnaire, *par Victor Serge*
95. Les Partis politiques en Europe
par François Borella
96. Le Libéralisme, *par Georges Burdeau*
97. Parler vrai, *par Michel Rocard*
98. Mythes révolutionnaires du tiers monde, *par Gérard Chaliand*
99. Qu'est-ce que la social-démocratie?, *par la revue « Faire »*

100. La Démocratie et les Partis politiques
par Moisei Ostrogorsky
101. Crise et Avenir de la classe ouvrière
par la revue « Faire » (épuisé)
102. Le Socialisme des intellectuels, *par Jan Waclav Makhaïski*
103. Reconstruire l'espoir, *par Edmond Maire*
104. Le Tertiaire éclaté, *par la CFDT*
105. Le Reflux américain. Décadence ou renouveau des Etats-Unis ?
par la revue « Faire »
106. Les Pollueurs, *par Anne Guérin-Henni*
107. Qui a peur du tiers monde?
par Jean-Yves Carfantan et Charles Condamines
108. La Croissance... de la famine, *par René Dumont*
109. Stratégie de l'action non-violente
par Jean-Marie Muller
110. Retournez les fusils !, *par Jean Ziegler*
111. L'Acteur et le Système
par Michel Crozier et Erhard Friedberg
112. Adieux au prolétariat, *par André Gorz*
113. Nos droits face à l'Etat, *par Gérard Soulier*
114. Les Partis politiques, *par Maurice Duverger*
115. Les « Disparus », *par Amnesty International*
116. L'Afrique étranglée
par René Dumont et Marie-France Mottin
117. La CGT, *par René Mouriaux*
118. Le Mal-développement en Amérique latine
par René Dumont et Marie-France Mottin
119. Les Assassinats politiques
par Amnesty International
120. Vaincre la faim, c'est possible
par Jean-Yves Carfantan et Charles Condamines
121. La Crise de l'Etat-providence
par Pierre Rosanvallon
122. La Deuxième gauche
par Hervé Hamon et Patrick Rotman
123. Sur l'antisémitisme, *par Hannah Arendt*
Les origines du totalitarisme, 1
124. La Torture, *par Amnesty International*
125. L'Impérialisme, *par Hannah Arendt*
Les origines du totalitarisme, 2
126. Les Rebelles, *par Jean Ziegler*
127. Le Pari français, *par Michel Albert*

128. La Fin des immigrés
par Françoise Gaspard et Claude Servan-Schreiber
129. Les Régimes politiques occidentaux, *par Jean-Louis Quermonne*
130. A L'épreuve des faits, *par Michel Rocard*
131. Introduction aux relations internationales
par Jacques Huntzinger

Collection Points

SÉRIE ACTUELS

A29. Sciences de la vie et Société
par François Gros, François Jacob et Pierre Royer
A30. Anti-manuel de français
par Claude Duneton et Jean-Pierre Pagliano
A31. Cet enfant qui se drogue, c'est le mien, *par Jacques Guillon*
A32. Les Femmes, la Pornographie, l'Érotisme
par Marie-Françoise Hans et Gilles Lapouge
A33. Parole d'homme, *par Roger Garaudy*
A34. Nouveau Guide des médicaments, *par le Dr Henri Pradal*
A35. Rue du Prolétaire rouge, *par Nina et Jean Kéhayan*
A36. Main basse sur l'Afrique, *par Jean Ziegler*
A37. Un voyage vers l'Asie, *par Jean-Claude Guillebaud*
A38. Appel aux vivants, *par Roger Garaudy*
A39. Quand vient le souvenir, *par Saul Friedländer*
A40. La Marijuana, *par Solomon H. Snyder*
A41. Un lit à soi, *par Évelyne Le Garrec*
A42. Le lendemain, elle était souriante...
par Simone Signoret
A43. La Volonté de guérir, *par Norman Cousins*
A44. Les Nouvelles Sectes, *par Alain Woodrow*
A45. Cent Ans de chanson française
par Chantal Brunschwig, Louis-Jean Calvet et Jean-Claude Klein
A46. La Malbouffe, *par Stella et Joël de Rosnay*
A47. Médecin de la liberté, *par Paul Milliez*
A48. Un Juif pas très catholique, *par Alexandre Minkowski*
A49. Un voyage en Océanie, *par Jean-Claude Guillebaud*
A50. Au coin de la rue, l'aventure
par Pascal Bruckner et Alain Finkielkraut
A51. John Reed, *par Robert Rosenstone*
A52. Le Tabouret de Piotr, *par Jean Kéhayan*
A53. Le Temps qui tue, le temps qui guérit
par le Dr Fernand Attali
A54. La Lumière médicale, *par Norbert Bensaïd*
A55. Californie (Le nouvel âge)
par Sylvie Crossman et Édouard Fenwick
A56. La Politique du mâle, *par Kate Millett*
A57. Contraception, grossesse, IVG
par Pierrette Bello, Catherine Dolto et Aline Schiffmann
A58. Marthe, *anonyme*
A59. Pour un nouveau-né sans risque, *par Alexandre Minkowski*
A60. La Vie, tu parles, *par Libération*
A61. Les Bons Vins et les Autres, *par Pierre-Marie Doutrelant*

A62. Comment peut-on être breton?
par Morvan Lebesque
A63. Les Français, *par Theodore Zeldin*
A64. La Naissance d'une famille, *par T. Berry Brazelton*
A65. Hospitalité française, *par Tahar Ben Jelloun*
A66. L'Enfant à tout prix
par Geneviève Delaisi de Parseval et Alain Janaud
A67. La Rouge Différence, *par Françoise Edmonde-Morin*
A68. Regard sur les Françaises, *par Michèle Sarde*
A69. A hurler le soir au fond des collèges
par Claude Duneton avec la collaboration de Frédéric Pagès
A70. L'Avenir en face, *par Alain Minc*
A71. Je t'aime d'amitié, *par la revue « Autrement »*
A72. Couples!, *par la revue « Autrement »*
A73. Le Sanglot de l'homme blanc, *par Pascal Bruckner*
A74. BCBG, le guide du bon chic bon genre
par Thierry Mantoux
A75. Ils partiront dans l'ivresse, *par Lucie Aubrac*
A76. Tant qu'il y aura des profs
par Hervé Hamon et Patrick Rotman
A77. Femmes à 50 ans, *par Michèle Thiriet et Suzanne Képès*
A78. Sky my husband! Ciel mon mari!, *par Jean-Loup Chiflet*
A79. Tous ensemble, *par François de Closets*

Collection Points

SÉRIE POINT-VIRGULE

V1. Manuel de savoir-vivre à l'usage des rustres et des malpolis
par Pierre Desproges
V2. Petit Fictionnaire illustré
par Alain Finkielkraut
V3. Quand j'avais cinq ans, je m'ai tué
par Howard Buten
V4. Lettres à sa fille (1877-1902)
par Calamity Jane
V5. Café Panique, *par Roland Topor*
V6. Le Jardin de ciment, *par Ian McEwan*
V7. L'Age-déraison, *par Daniel Rondeau*
V8. Juliette a-t-elle un grand Cui?
par Hélène Ray
V9. T'es pas mort!, *par Antonio Skarmeta*
V10. Petite Fille rouge avec un couteau
par Myrielle Marc
V11. Manuel à l'usage des enfants qui ont des parents difficiles
par Jeanne Van den Brouck
V12. Le A nouveau est arrivé
par Pierre Ziegelmeyer et Jean-Benoît Thirion
V13. Comment faire l'enfant (17 leçons pour ne pas grandir)
par Delia Ephron
V14. Zig-Zag, *par Alain Cahen*
V15. Plumards, de cheval
par Groucho Marx
V16. Bleu, je veux, *par Gisèle Bienne*
V17. Moi et les Autres, *par Albert Jacquard*
V18. Au vrai chic anatomique, *par Frédéric Pagès*
V19. Le Petit Pater illustré, *par Jacques Pater*
V20. Cherche souris pour garder chat, *par Hélène Ray*
V21. Un enfant dans la guerre, *par Saïd Ferdi*
V22. La Danse du coucou, *par Aidan Chambers*
V23. Mémoires d'un amant lamentable, *par Groucho Marx*
V24. Le Cœur sous le rouleau compresseur
par Howard Buten
V25. Le Cinéma américain. Les années cinquante
par Olivier-René Veillon

V26. Voilà un baiser, *par Anne Perry-Bouquet*
V27. Le Cycliste de San Cristobal, *par Antonio Skarmeta*
V28. Tchao l'enfance, craignos l'amour, *par Delia Ephron*
V29. Mémoires capitales, *par Groucho Marx*
V30. Dieu, Shakespeare et Moi, *par Woody Allen*
V31. Dictionnaire superflu à l'usage de l'élite et des biens nantis *par Pierre Desproges*
V32. Je t'aime, je te tue, *par Morgan Sportès*
V33. Rock-Vinyl (Pour une discothèque du rock) *par Jean-Marie Leduc*
V34. Le Manuel du parfait petit masochiste *par Dan Greenburg*
V35. L'Oiseau Canadèche, *par Jim Dodge*
V36. Des sous et des hommes, *par Jean-Marie Albertini*
V37. De l'univers à nous, *par Robert Clarke*
V38. Pour en finir une bonne fois pour toutes avec la culture *par Woody Allen*
V39. Le Gone du Chaâba, *par Azouz Begag*
V40. Le Cinéma américain. Les années trente *par Olivier-René Veillon*
V41. Mistral gagnant, chansons et dessins, *par Renaud*
V42. Les Aventures d'Adrian Mole, 15 ans, *par Sue Townsend*
V43. Le Palais des claques, *par Pascal Bruckner*
V44. La Cuisine cannibale, *par Roland Topor*
V45. Le Livre d'étoile, *par Gil Ben Aych*
V46. Les Dingues du nonsense, *par Robert Benayoun*
V47. Le Grand Cerf-Volant, *par Gilles Vigneault*
V48. Comment choisir son psychanalyste, *par Oreste Saint-Drôme*
V49. Slapstick, *par Buster Keaton*
V50. Chroniques de la haine ordinaire, *par Pierre Desproges*
V51. Cinq Milliards d'Hommes dans un vaisseau *par Albert Jacquard*

Collection Points

SÉRIE SAGESSES

dirigée par Jean-Pie Lapierre

Sa1. Paroles des anciens. Apophtegmes des Pères du désert *par Jean-Claude Guy*
Sa2. Pratique de la voie tibétaine, *par Chögyam Trungpa*
Sa3. Célébration hassidique, *par Elie Wiesel*
Sa4. La Foi d'un incroyant, *par Francis Jeanson*
Sa5. Le Bouddhisme tantrique du Tibet *par John Blofeld*
Sa6. Le Mémorial des saints, *par Farid-ud-Din' Attar*
Sa7. Comprendre l'Islam, *par Frithjof Schuon*
Sa8. Esprit zen, Esprit neuf, *par Shunryu Suzuki*
Sa9. La Bhagavad Gîtâ, *traduction et commentaires par Anne-Marie Esnoul et Olivier Lacombe*
Sa10. Qu'est-ce que le soufisme? *par Martin Lings*
Sa11. La Philosophie éternelle, *par Aldous Huxley*
Sa12. Le Nuage d'inconnaissance *traduit de l'anglais par Armel Guerne*
Sa13. L'Enseignement du Bouddha, *par Walpola Rahula*
Sa14. Récits d'un pèlerin russe, *traduit par Jean Laloy*
Sa15. Le Nouveau Testament *traduit par Émile Osty et Joseph Trinquet*
Sa16. La Voie et sa vertu, *par Lao-tzeu*
Sa17. L'Imitation de Jésus-Christ *traduit par Lamennais*
Sa18. Le Mythe de la liberté, *par Chögyam Trungpa*
Sa19. Le Pèlerin russe, trois récits inédits
Sa20. Petite Philocalie de la prière du cœur *traduit et présenté par Jean Grouillard*
Sa21. Le Zohar, *extraits choisis et présentés par Gershom G. Scholem*
Sa22. Les Pères apostoliques *traduction et introduction par France Quéré*
Sa23. Vie et Enseignement de Tierno Bokar *par Amadou Hampaté Bâ*
Sa24. Entretiens de Confucius

Collection Points

SÉRIE HISTOIRE

H1. Histoire d'une démocratie : Athènes
des origines à la conquête macédonienne, *par Claude Mossé*
H2. Histoire de la pensée européenne
1. L'éveil intellectuel de l'Europe du IXe au XIIe siècle
par Philippe Wolff
H3. Histoire des populations françaises et de leurs attitudes devant la vie depuis le XVIIIe siècle, *par Philippe Ariès*
H4. Venise, portrait historique d'une cité
par Philippe Braunstein et Robert Delort
H5. Les Troubadours, *par Henri-Irénée Marrou*
H6. La Révolution industrielle (1780-1880), *par Jean-Pierre Rioux*
H7. Histoire de la pensée européenne
4. Le siècle des Lumières, *par Norman Hampson*
H8. Histoire de la pensée européenne
3. Des humanistes aux hommes de science, *par Robert Mandrou*
H9. Histoire du Japon et des Japonais
1. Des origines à 1945, *par Edwin O. Reischauer*
H10. Histoire du Japon et des Japonais
2. De 1945 à 1970, *par Edwin O. Reischauer*
H11. Les Causes de la Première Guerre mondiale, *par Jacques Droz*
H12. Introduction à l'histoire de notre temps. L'Ancien Régime et la Révolution, *par René Rémond*
H13. Introduction à l'histoire de notre temps. Le XIXe siècle
par René Rémond
H14. Introduction à l'histoire de notre temps. Le XXe siècle
par René Rémond
H15. Photographie et Société, *par Gisèle Freund*
H16. La France de Vichy (1940-1944), *par Robert O. Paxton*
H17. Société et Civilisation russes au XIXe siècle
par Constantin de Grunwald
H18. La Tragédie de Cronstadt (1921), *par Paul Avrich*
H19. La Révolution industrielle du Moyen Age, *par Jean Gimpel*
H20. L'Enfant et la Vie familiale sous l'Ancien Régime
par Philippe Ariès
H21. De la connaissance historique, *par Henri-Irénée Marrou*
H22. Malraux, une vie dans le siècle, *par Jean Lacouture*
H23. Le Rapport Khrouchtchev et son histoire, *par Branko Lazitch*

H24. Le Mouvement paysan chinois (1840-1949), *par Jean Chesneaux*
H25. Les Misérables dans l'Occident médiéval
par Jean-Louis Goglin
H26. La Gauche en France depuis 1900, *par Jean Touchard*
H27. Histoire de l'Italie du Risorgimento à nos jours
par Sergio Romano
H28. Genèse médiévale de la France moderne, XIVe-XVe siècle
par Michel Mollat
H29. Décadence romaine ou Antiquité tardive? IIIe-VIe siècle
par Henri-Irénée Marrou
H30. Carthage ou l'Empire de la mer, *par François Decret*
H31. Essais sur l'histoire de la mort en Occident du Moyen Age
à nos jours, *par Philippe Ariès*
H32. Le Gaullisme (1940-1969), *par Jean Touchard*
H33. Grenadou, paysan français
par Ephraïm Grenadou et Alain Prévost
H34. Piété baroque et Déchristianisation en Provence
au XVIIIe siècle, *par Michel Vovelle*
H35. Histoire générale de l'Empire romain
1. Le Haut-Empire, *par Paul Petit*
H36. Histoire générale de l'Empire romain
2. La crise de l'Empire, *par Paul Petit*
H37. Histoire générale de l'Empire romain
3. Le Bas-Empire, *par Paul Petit*
H38. Pour en finir avec le Moyen Age, *par Régine Pernoud*
H39. La Question nazie, *par Pierre Ayçoberry*
H40. Comment on écrit l'histoire, *par Paul Veyne*
H41. Les Sans-culottes, *par Albert Soboul*
H42. Léon Blum, *par Jean Lacouture*
H43. Les Collaborateurs (1940-1945), *par Pascal Ory*
H44. Le Fascisme italien (1919-1945)
par Pierre Milza et Serge Berstein
H45. Comprendre la Révolution russe, *par Martin Malia*
H46. Histoire de la pensée européenne
6. L'ère des masses, *par Michael D. Biddiss*
H47. Naissance de la famille moderne, *par Edward Shorter*
H48. Mythe de la procréation à l'âge baroque
par Pierre Darmon
H49. Histoire de la bourgeoisie en France
1. Des origines aux temps modernes, *par Régine Pernoud*
H50. Histoire de la bourgeoisie en France
2. Les temps modernes, *par Régine Pernoud*

H51. Histoire des passions françaises (1848-1945)
1. Ambition et amour, *par Theodore Zeldin*
H52. Histoire des passions françaises (1848-1945)
2. Orgueil et intelligence, *par Theodore Zeldin*
H53. Histoire des passions françaises (1848-1945)
3. Goût et corruption, *par Theodore Zeldin*
H54. Histoire des passions françaises (1848-1945)
4. Colère et politique, *par Theodore Zeldin*
H55. Histoire des passions françaises (1848-1945)
5. Anxiété et hypocrisie, *par Theodore Zeldin*
H56. Histoire de l'éducation dans l'Antiquité
1. Le monde grec, *par Henri-Irénée Marrou*
H57. Histoire de l'éducation dans l'Antiquité
2. Le monde romain, *par Henri-Irénée Marrou*
H58. La Faillite du Cartel, 1924-1926
(Leçon d'histoire pour une gauche au pouvoir)
par Jean-Noël Jeanneney
H59. Les Porteurs de valises
par Hervé Hamon et Patrick Rotman
H60. Histoire de la guerre d'Algérie (1954-1962)
par Bernard Droz et Evelyne Lever
H61. Les Occidentaux, *par Alfred Grosser*
H62. La Vie au Moyen Age, *par Robert Delort*
H63. Politique étrangère de la France (La décadence 1932-1939)
par Jean-Baptiste Duroselle
H64. Histoire de la guerre froide
1. De la révolution d'Octobre à la guerre de Corée, 1917-1950
par André Fontaine
H65. Histoire de la guerre froide
2. De la guerre de Corée à la crise des alliances, 1950-1963
par André Fontaine
H66. Les Incas, *par Alfred Métraux*
H67. Les Écoles historiques, *par Guy Bourdé et Hervé Martin*
H68. Le Nationalisme français, 1871-1914, *par Raoul Girardet*
H69. La Droite révolutionnaire, 1885-1914, *par Zeev Sternhell*
H70. L'Argent caché, *par Jean-Noël Jeanneney*
H71. Histoire économique de la France du XVIIIe siècle à nos jours
1. De l'Ancien Régime à la Première Guerre mondiale
par Jean-Charles Asselain
H72. Histoire économique de la France du XVIIIe siècle à nos jours
2. De 1919 à la fin des années 1970
par Jean-Charles Asselain

H73. La Vie politique sous la IIIe République
par Jean-Marie Mayeur
H74. La Grèce archaïque d'Homère à Eschyle
par Claude Mossé
H75. Histoire de la « détente » 1962-1981, *par André Fontaine*
H76. Etudes sur la France de 1939 à nos jours
par la revue « L'Histoire »
H77. L'Afrique au XXe siècle, *par Elikia M'Bokolo*
H78. Les Intellectuels au Moyen Age
par Jacques Le Goff
H79. Fernand Pelloutier, *par Jacques Julliard*
H80. L'Église des premiers temps, *par Jean Daniélou*
H81. L'Église de l'Antiquité tardive
par Henri-Irénée Marrou
H82. L'Homme devant la mort
1. Le temps des gisants, *par Philippe Ariès*
H83. L'Homme devant la mort
2. La mort ensauvagée, *par Philippe Ariès*
H84. Le Tribunal de l'impuissance, *par Pierre Darmon*
H85. Histoire générale du XXe siècle
1. Jusqu'en 1949. Déclins européens
par Bernard Droz et Anthony Rowley
H86. Histoire générale du XXe siècle
2. Jusqu'en 1949. La naissance du monde contemporain
par Bernard Droz et Anthony Rowley
H87. La Grèce ancienne, *par la revue « L'Histoire »*
H88. Les Ouvriers dans la société française
par Gérard Noiriel
H89. Les Américains de 1607 à nos jours
1. Naissance et essor des Etats-Unis, 1607-1945
par André Kaspi
H90. Les Américains de 1607 à nos jours
2. Les Etats-Unis de 1945 à nos jours
par André Kaspi
H91. Le Sexe et l'Occident, *par Jean-Louis Flandrin*
H92. Le Propre et le Sale, *par Georges Vigarello*
H93. La Guerre française d'Indochine, *par Jacques Dalloz*